경상대학교 사회과학연구원 사회과학연구총서 44

세계화와 한국의 축적체제 변화

Globalization and Changes in the Accumulation Regime in Korea

경상대학교 사회과학연구원 엮음

정성진 · 이정구 · 김의동 · 장시복 · 김어진 지음

한울
아카데미

이 도서의 국립중앙도서관 출판예정도서목록(CIP)은 서지정보유통지원시스템 홈페이지(http://seoji.nl.go.kr)
와 국가자료공동목록시스템(http://www.nl.go.kr/kolisnet)에서 이용하실 수 있습니다.
CIP제어번호: CIP2015031369

차례

　　세계화와 한국경제의 관계에 대해 국내외에서 이미 많은 연구들이 이루어졌다. 그런데 기존 연구들은 세계화가 한국경제에 미친 영향을 긍정 아니면 부정 일변도로 파악하는 경향이 있다. 먼저, 미국식 시장주의 신고전파 주류경제학은 세계화가 한국경제 고도성장의 비결이었다고 간주한다. 반면, 장하준의 발전국가론을 비롯한 비주류경제학 다수는 과거 김영삼 정부의 무분별한 세계화로 인해 한국경제가 1997년 공황을 맞이했고, 이후 급진전된 신자유주의적 세계화와 함께 한국경제의 저성장 기조가 정착되었다고 주장한다. 하지만 한국경제의 고도성장이 세계화에 편승한 덕분이면서도 이를 추동한 것은 발전국가였음을 고려할 때, 또 규제되지 않은 세계화가 1997년 공황 촉발 요인의 하나이면서도 세계화의 심화를 통해 공황을 돌파했음을 고려할 때, 기존 연구들처럼 세계화와 한국경제의 관계를 긍정 혹은 부정 일변도로 파악하는 것은 일면적이고 피상적이다. 세계화와 한국경제의 관계에 대한 기존 연구의 한계를 극복하기 위해서는 세계화와 축적체제의 모순적 동학을 총체적·변증법적 관점에서 접근하는 것이 필요하다. 마르크스의 경제학 비판 방법, 즉 가치론과 공황론 및 국가론은 이를 위해 유용한 시각을 제공한다.

이 책은 마르크스주의 경제학의 시각에서 세계화가 한국의 축적체제에 미친 영향을 실증적으로 분석함으로써 기존 연구들의 일면성과 피상성을 정정하기 위해 기획되었다. 이를 위해 저자들은 공황, 국가, 금융, 자본, 이데올로기 등 다섯 영역으로 나누어 세계화와 경제위기의 관계(제1장), 발전국가론 비판(제2장), 금융화와 분배의 불평등(제3장), 삼성의 글로벌 자본축적(제4장), 박근혜 정부의 '창조경제론' 비판(제5장)이라는 주제로 검토한다. 각 장의 주요 내용은 다음과 같다.

제1장 '한국자본주의의 세계화와 공황'에서 정성진은 마르크스의 세계시장공황론 관점에서 1990년대 이후 한국에서 일어난 세계화와 공황의 모순적 동학을 검토한다. 정성진은 세계화의 진전을 대외무역과 자본의 세계화, 글로벌 가치사슬 등의 지표를 중심으로 개관하고, 한국에서 세계화와 공황의 인과관계를 1997년 공황 및 2007~2009년 글로벌 경제위기를 중심으로 분석한다. 이를 통해 세계화를 공황의 원인으로 간주하는 기존의 케인스주의 또는 발전국가론이 근거가 없음을 보인다.

제2장 '한국 자본주의와 국가에 대한 일고찰'에서 이정구는 마르크스주의 국가론의 시각에서 발전국가론을 비판적으로 검토한다. 이정구는 먼저 자본주의에서 국가와 자본의 관계에 대한 마르크스주의 국제정치경제학계의 논쟁과 발전국가론의 등장 배경을 개관한 후 한국에서 발전국가가 성립된 과정을 검토한다. 이정구는 1960년대 이후 한국이 고도성장한 비밀을 국가의 자율성과 능력에서 찾는 발전국가론은 국가와 자본의 구조적인 상호의존 관계를 경시한 것이라고 비판한다.

제3장 '한국의 금융역할 심화와 부채 주도 성장 및 소득불평등'에서 김의동은 1997년 공황 이후 한국의 금융화와 부채 및 소득분배 추이를 실증적으로 검토하고 이들이 1997년 공황 이후 한국의 경제성장 둔화에 어떤 영향을 미쳤는지를 검토한다. 김의동은 금융연관비율 분석을 통해 한국에서의 금

융 심화 현상을 확인하고 이를 소득불평등의 심화와 연관시킨다. 또 경제주
체별 부채비율의 추이 분석을 통해 부채 경제의 확산을 확인한다.

제4장 '삼성의 초국적화와 한국경제'에서 장시복은 초국적기업론의 관점
에서 삼성의 글로벌 자본축적 과정을 분석한다. 장시복은 삼성의 초국적화
및 글로벌 네트워크의 조직 과정을 분석하고 그 경제적 성과를 평가한다. 또
이를 바탕으로 삼성의 글로벌 자본축적 운동이 한국경제와 어떤 연관성을
가지며 어떤 모순을 야기하는지를 검토한다. 이를 통해 장시복은 삼성을 단
순히 한국 기업이라는 고정관념으로 이해해서는 안 되며, 글로벌 네트워크
의 통합과 재편을 통해 글로벌 자본축적을 추구하는 초민족자본이라는 점
을 유념해야 한다고 주장한다.

제5장 '창조경제의 정치경제학'에서 김어진은 박근혜 정부의 핵심 이데
올로기인 창조경제론을 비판적으로 분석한다. 김어진은 먼저 창조도시, 창
조계급 개념과 유엔의 '창조경제 보고서'를 중심으로 창조경제론의 등장 배
경을 살펴본다. 또 한국형 창조경제의 특징을 소프트웨어와 미디어 부문의
노동조건을 중심으로 검토한다. 이를 통해 김어진은 박근혜 정부의 창조경
제는 창조적인 것과는 거리가 멀며, 우리에게 익숙한 신자유주의의 재판일
뿐이라고 주장한다.

이 책에 수록된 글들은 2011~2013년 경상대학교 사회과학연구원이 수
행한 한국연구재단 대학중점연구소의 지원 연구과제인 '세계화와 축적체제
및 계급구조 변화'(NRF-2010-413-B00027) 중 3차년도(2012.12~2013.11) 연
구결과의 일부이다. 축적체제 변화의 이론과 국제비교 연구는 각각 『세계화
와 자본축적 체제의 모순: 마르크스주의적 접근』(한울, 2012)과 『자본의 세
계화와 축적체제의 위기』(한울, 2014)로 출판된 바 있다. 따라서 이 책의 출
간은 세계화와 축적체제의 변화를 이론, 국제비교, 한국 사례 분석을 통해
연구하는 것을 목적으로 3년에 걸쳐 수행된 연구를 매듭짓는 의미가 있다.

마르크스주의 경제학의 시각에서 세계화와 축적체제의 모순적 동학을 총체적으로 연구한다는 최초 목적을 돌이켜볼 때, 이 책에 수록된 연구결과들은 깊이와 독창성, 핵심 콘셉트 공유 정도 등의 측면에서 미진한 점이 적지 않다. 이것은 전적으로 공동연구를 잘 관리하지 못한 연구책임자의 능력 부족 때문이며, 추후 필자를 비롯한 연구 참여자들의 후속 연구를 통해 계속 보완해나갈 것임을 약속한다.

끝으로 이 연구과제의 수행을 위해 전임 연구인력과 연구비를 지원해준 한국연구재단에 감사드린다. 또 이 책의 원고 수합과 편집을 맡아준 김영수 교수님, 최종 편집과 교정을 담당한 도서출판 한울 김영은 선생님께도 고마움을 전한다. 많은 점에서 불충분하지만, 이 책이 한국에서 세계화와 자본축적의 모순적 동학을 이해하고 관련 연구를 진전시키는 데 약간의 기여가 될 수 있기를 바란다.

2015년 11월
연구책임자 정성진

제1장

한국 자본주의의 세계화와 공황[*]

정성진 | 경상대학교 경제학과 교수

1. 머리말

1987년 무렵을 경계로 하여 한국 자본주의는 약 30년에 걸친 고도성장, 즉 장기 호황을 종료하고 구조적 위기인 장기 불황으로 접어든다. 1990년대 김영삼 정권의 세계화 정책은 이와 같은 구조적 위기에 대한 대응이었지만, 이는 1997년 공황의 도래를 막을 수 없었다. 1997년 공황 이후 한국 자본주의는 위기 돌파를 위해 세계화를 더 강력하게 추진한다. 한국 자본주의의 세계화는 2007~2009년 글로벌 경제위기를 전후해서 더욱 가속화된다.

이 장은 1990년대 이후 오늘에 이르기까지 한국 자본주의에서 발생한 세계화와 공황의 모순적 동학을 고찰하는 것을 목적으로 한다. 먼저 제2절에

* 이 글은 정성진(2013) 4절을 업데이트·보완한 것이다. 이 논문은 2010년 정부(교육부)의 재원으로 한국연구재단의 지원을 받아 수행된 연구(NRF-2010-413-B00027)이다.

서는 마르크스의 세계시장공황론의 관점에서 세계화와 공황의 관계를 정식
화한다. 제3절에서는 1990년대 이후 한국 자본주의에서 세계화의 진전을
대외무역과 자본의 세계화 및 글로벌 가치사슬(GVC: Global Value Chains) 등
의 지표를 중심으로 개관한다. 제4절에서는 한국 자본주의 속 세계화와 공
황의 관계를 1997년 공황 및 2007~2009년 글로벌 경제위기를 중심으로 검
토한다. 이를 통해 세계화 혹은 시장 자유화(market liberalization)를 공황의 원
인으로 간주하는 기존의 케인스주의 또는 발전국가론에 근거가 없음을 보
인다. 제5절에서는 논의를 요약하고 이론적·정치적 함의를 도출한다.

2. 세계화와 공황의 변증법[1]

마르크스는 항상 공황을 세계시장, 세계화의 맥락에서 서술했다. 마르크
스는 세계시장과 세계화를 자본축적을 촉진하는 요인으로 간주했으며 이를
통해 세계적 규모에서 자본축적이 확대되고 가속화되어 장기적으로 더 큰
공황을 준비한다고 보았지만, 직접적인 공황의 원인으로 간주하는 않았다.
마르크스가 세계화를 공황의 원인으로 보지 않았다는 사실은, 그가 세계화
의 핵심적 구성 요소인 대외무역의 확대를 이윤율 저하 경향의 상쇄 요인으
로 강조했다는 것을 보면 분명하다. 마르크스는『자본론(Das Kapital)』제3권
제3편 '이윤율 저하 경향의 법칙'에서 다음과 같이 말했다.

대외무역이 불변자본 요소들과 필요생활수단들(가변자본이 이것들로 전환
된다)을 값싸게 하는 한, 대외무역은 잉여가치율을 높이고 불변자본의 가치를

---

1) 이에 관한 상세한 논의는 정성진(2012a)을 참조할 수 있다.

떨어뜨림으로써 이윤율 상승에 공헌한다. 또한 대외무역은 그것이 생산규모의 확장을 가능하게 하는 한, 대체로 이윤율의 상승에 공헌한다. 이리하여 대외무역은 축적을 촉진하게 되는데, 반면에 이것은 또한 불변자본에 비한 가변자본의 감소를 촉진하고 따라서 이윤율의 저하를 촉진한다. …… 대외무역에 투하된 자본은 더 높은 이윤율을 얻을 수 있다. 왜냐하면 우선 덜 발달된 생산설비를 가진 타국에 의하여 생산되는 상품들과 경쟁하므로, 선진국은 경쟁국들보다 싸게 판매하더라도 그 상품의 가치 이상으로 판매하기 때문이다. 선진국의 노동이 더 높은 가치를 가진 노동으로 실현되는 한 이윤율은 상승한다. 왜냐하면 (국내에서는) 질적으로 더 높은 노동으로서 지불받지 못하던 노동이 (대외무역에서는) 그러한 것으로 판매되기 때문이다. …… 그러나 식민지 등에 투하된 자본에 관해 말한다면, 그 자본이 더 높은 이윤율을 얻을 수 있는 이유는 거기에서는 발전수준이 낮아 일반적으로 이윤율이 더 높기 때문이고, 노예와 쿨리 등을 사용하므로 노동 착취도도 더 높기 때문이다(마르크스, 2004: 284~285).

헨릭 그로스만(Henryk Grossmann)도 이윤율 저하 경향에 대한 상쇄 요인으로서의 대외무역에 주목하여 다음과 같이 말했다.

대외무역에 의한 잉여가치의 주입은 이윤율을 상승시키고 붕괴 경향의 심각성을 완화한다. …… 대외무역은 국내적 포화 시기에 더 중요해지는데, 이때는 과잉축적으로 인해 가치증식이 소멸하고 투자재에 대한 수요가 감소하기 때문이다. …… 여기(대외무역)에서 우리는 국내 경제에서 가치증식의 위기를 부분적으로 상쇄하는 수단을 갖게 된다(Grossmann, 1992: 172~173).

마르크스는 특히 대외무역이 불변자본 요소들 중 원료의 가격을 싸게 하여 이윤율을 상승시키는 효과에 주목했다. 마르크스는『자본론』제3권에서 다음과 같이 말했다.

　　이윤율은 s/C 또는 s/(c+v)이므로, c 따라서 C의 크기를 변경시키는 것은, s 와 v 및 이 둘 사이의 상호관계가 불변이라 하더라도, 이윤율을 변경시키게 된 다. 그런데 원료는 불변자본의 주요한 부분이다. …… 원료의 가격이 d원만큼 하락하면, s/C 또는 s/(c+v)가 s/(C-d) 또는 s/{(c-d)+v}로 되며, 이윤율은 상승 한다. …… 따라서 기타의 사정들이 불변이라면, 이윤율은 원료의 가격과 반대 의 방향으로 상승하거나 저하한다. 이것으로부터 알 수 있는 것은 …… 낮은 원료 가격이 공업국에 대해 매우 중요하다는 점이다. 또한 대외무역이 (필요한 생활수단을 값싸게 하여 임금에 미치는 영향을 제외하더라도) 이윤율에 영향 을 미치게 된다(마르크스, 2004: 122~123).

　　그런데 마르크스의 이윤율식은 실증연구에서는 원료, 중간재와 같은 유 동불변자본 스톡 측정의 난점 때문에 보통 (1)식처럼 유동불변자본을 이윤 율식 분모의 불변자본에서 제외한다. 그리고 이를 고정불변자본, 즉 고정자 본 스톡(K)만에 대한 이윤[P. 이는 부가가치(Y)에서 임금(W)을 뺀 값이다]의 비 율(r)로 대신한다.

$$r = \frac{P}{K} = \frac{Y-W}{K} \quad\cdots\cdots\cdots\cdots\cdots\cdots\cdots\cdots\cdots (1)$$

$$r = \frac{Z-M-W}{K} \quad\cdots\cdots\cdots\cdots\cdots\cdots\cdots\cdots (2)$$

　　(1)식은 그 자체로는 원료, 중간재와 같은 중간투입의 저렴화가 이윤율에 미치는 효과를 나타내지 않는 것으로 보인다. 하지만 부가가치(Y)가 총산출 (Z)에서 중간투입(M)을 뺀 값, 즉 Y=Z-M임을 고려하여 (2)식처럼 다시 쓰

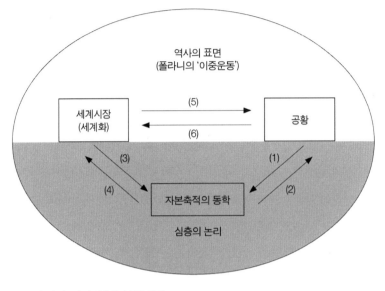

〈그림 1-1〉 세계화와 공황 및 자본축적의 중층결정

주: (1) 자본축적 모순의 심화 결과 공황 발생.
　　(2) 공황 과정에서 자본축적의 재개 조건 정비.
　　(3) 자본주의의 전제로서 세계시장.
　　(4) 자본축적의 결과로서 세계시장의 창출과 확대.
　　(5) 세계시장의 확대(세계화) 과정에서 공황 격화.
　　(6) 공황에 대한 대응, 혹은 상쇄 요인으로서 세계시장의 창출과 확대.
자료: 정성진(2012a: 44).

면, 마르크스가 말한 대외무역에 힘입은 원료, 중간재와 같은 중간투입(M, 유동불변자본)의 저렴화가 이윤율을 상승시키는 관계를 확인할 수 있다.[2]

　　세계화와 공황의 변증법을 마르크스 세계시장공황론의 관점에서 도식화하면 <그림 1-1>과 같다(정성진, 2012a: 44). 기존의 케인스주의와 발전국가론은 세계화가 공황의 원인이라고 주장하거나[화살표 (5)번, Chang(1998) 또는 Crotty and Lee(2009)], 혹은 자본과 국가가 공황에 대응하는 과정에서 세

---

2) 이에 대한 상세한 논의는 Bowles et al(2005: 243~244) 참조.

계화가 억제되고 '국가자본주의'가 강화되는 측면을 강조한다[화살표 (6)번, 폴라니(2009)]. 즉, 이들은 '역사의 표면'에 드러나는 칼 폴라니(Karl Polanyi) 적 '이중운동'을 특권화한다. 하지만 마르크스의 세계시장공황론은 이러한 세계화와 공황의 '이중운동'에서 간과되는 관계, 즉 공황에 대한 자본과 국 가의 대응 과정에서 세계화가 오히려 촉진되는 현상에 주목한다. 나아가 세 계화가 다시 세계적 규모에서 자본축적의 모순을 확대하여 더 큰 공황을 준 비한다는 사실을 강조한다. 즉, '세계화 ⇄ 공황'의 '중층적·누적적 인과관 계', 또 세계화와 공황의 '이중운동' 그 자체가 자본주의 생산양식의 '심층' 에 내재적인 경향인 자본축적의 모순적 동학의 산물[화살표 (1)번과 (3)번]이 라는 것이다.

3. 1997년 공황 이후 심화된 한국 자본주의의 세계화

이 절에서는 한국 자본주의의 세계화가 1997년 공황 이후 본격화되었으 며, 이는 2007~2009년 글로벌 경제위기 이후 오늘에 이르기까지도 가속화 되고 있음을 확인한다. 수출의존도의 증가를 중심으로 한 대외무역 확대, 자 본 세계화의 심화, 글로벌 가치사슬로의 편입 등을 중심으로 볼 것이다. 이 를 통해 한국 자본주의의 세계화가 1987년 시작된 장기 불황에 대한 대응으 로 전개되었으며, 특히 1993년 김영삼 정권 이후 가속화되기 시작했음을 보 임과 동시에 1997년 공황 이전의 세계화가 이후의 세계화와 양적으로는 물 론 질적으로도 비교가 되지 않음을 밝힐 것이다. 또 세계화가 자본축적의 모 순에 대한 돌파구 역할을 하면서도 이 모순을 다시 확대·심화하고 있음을 확인할 것이다.

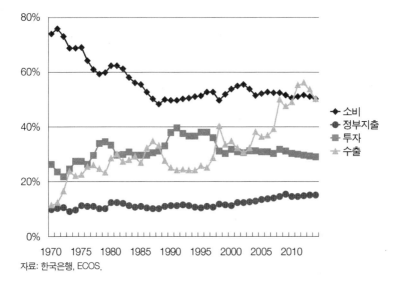

〈그림 1-2〉 1970~2014년 GDP의 지출 구성

자료: 한국은행, ECOS.

1) 수출의존도의 심화

　1997년 공황 이후 한국 자본주의의 세계화를 주도한 것은 수출의 급증이
었다. <그림 1-2>에서 보듯, GDP 대비 수출 비율은 1970년 11.4%에서
1987년 34.9%로 증가한 후 1997년 공황까지는 감소 추세를 보였다. 하지만
GDP 대비 수출 비율은 1997년 공황 이후 다시 증가세로 돌아서 1998년
40.4%까지 치솟았으며, 그 후 약간 감소했지만 2008년 글로벌 경제위기를
맞아 다시 50%로 급증했다. 2011년 GDP 대비 수출 비율은 55.7%를 기록
하여 같은 해 GDP 대비 민간 소비의 비율인 51%를 능가했다. GDP 대비
수출 비율은 2013년 이후 수출 증가세 둔화로 인해 소폭 감소했지만 2014
년에도 50.6%로서 같은 해 GDP 대비 민간 소비 비율인 50.4%보다 높았다.
또 2003년 이후 민간 소비와 투자의 비율은 거의 불변인 반면, 수출 비율은

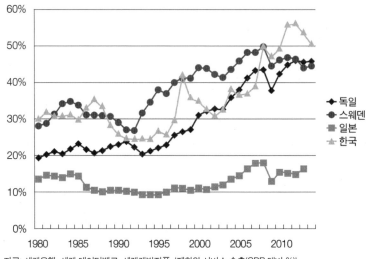

〈그림 1-3〉 1980~2014년 OECD 주요 국가의 GDP 대비 수출 비율

자료: 세계은행, 세계 데이터뱅크, 세계개발지표, '재화와 서비스 수출(GDP 대비 %)'.
http://data.worldbank.org/indicator/NE.EXP.GNFS.ZS/countries/1W?display=default

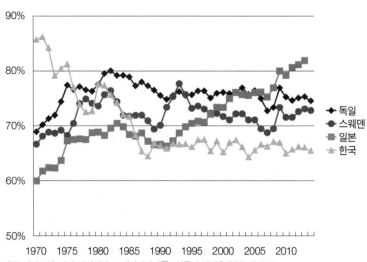

〈그림 1-4〉 1970~2014년 OECD 주요 국가의 GDP 대비 소비지출 비율

자료: 세계은행, 세계 데이터뱅크, 세계개발지표, '최종 소비지출(GDP 대비 %)'.
http://data.worldbank.org/indicator/NE.CON.TETC.ZS

크게 증가했다. 수출은 1997년 공황에서 회복을 견인하는 것뿐만 아니라 2007~2009년 글로벌 경제위기 국면에서 한국 자본주의가 공황에 빠지지 않게 하는 데에도 결정적 역할을 했다.

<그림 1-3>에서 보듯, 2014년 한국의 수출의존도는 고소득 OECD 평균보다 2배 이상 높았으며 대표적인 수출 주도 선진국인 스웨덴, 독일, 일본보다 높았다. 특히 2007~2009년 글로벌 경제위기 이후 한국의 수출의존도가 스웨덴, 독일을 상회하여 세계 최고 수준에 도달한 것이 주목된다. 반면 <그림 1-4>에서 보듯, 내수 시장 의존도를 보이는 GDP 대비 민간 소비지출 비율은 1997년 공황 이후 소폭 증가했지만 한국과 수출의존도가 비슷한 스웨덴, 독일보다 5~8%p 낮았다. 또 <그림 1-4>에서 보듯, 수출 주도 경제라는 공통점이 있는 한국, 일본, 독일 및 스웨덴 4개국 중에서 1990년대 이후 장기 불황에서 헤어나지 못했던 일본의 경우 GDP 대비 소비지출의 비율이 대폭 증가한 반면(1990년 66.2%에서 2013년 81.7%로 증가), 같은 시기 상대적으로 양호한 경제성장률을 보인 한국, 독일, 스웨덴에서는 거의 증가하지 않거나 소폭 감소했다(한국의 경우 2002년 67.6%에서 2014년 65.5%로 감소). 이는 케인스주의자들이 애호하는 '내수 주도 경제성장', '임금 주도 경제성장론', '분배에 기초한 경제 전략'이 1990년대 이후 세계경제에서는 작동하지 않았음을 시사한다.

1997년 공황 이후 한국의 급격한 수출의존도 증가는 수출 시장의 다변화를 수반했다. 다음의 <그림 1-5>에서 보듯이, 1990~2014년 한국의 총수출액에서 대미수출과 대일수출이 차지하는 비중은 각각 29.8%에서 12.3%, 19.4%에서 5.6%로 격감한 반면, 대중수출이 차지하는 비중은 0.9%에서 25.4%로 급증했다. 2000년대 이후 한국의 수출 주도 경제 회복은 거의 전적으로 '중국 효과' 덕분이었다고 해도 과언이 아니다. 또 글로벌 경제위기 및 유로존 위기 국면인 2007~2014년에는 유럽으로의 수출 비중이 19.2%

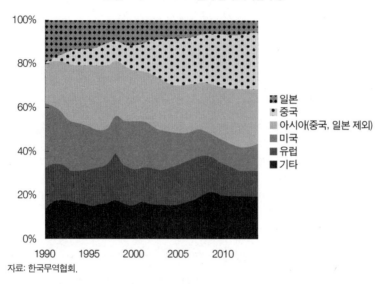

〈그림 1-5〉 1990~2014년 수출의 지역별 구성

자료: 한국무역협회.

에서 12.5%로 감소한 반면, 중국과 일본을 제외한 아시아로의 수출 비중은 21.7%에서 25.5%로 증가했다.

1997년 공황과 2007~2009년 글로벌 경제위기 이후 수출 급증은 주로 단위 노동 비용 저하에 기초한 국제경쟁력 향상을 배경으로 했다. 제조업 부문 단위 노동 비용 지수는 2010년을 100으로 두었을 때 1997년 공황 후인 1996~2000년 동안 107.8에서 89.6으로 대폭 감소했으며, 달러 단위로 계산할 경우 이 지수는 같은 기간 154.9에서 91.6으로 무려 40.9% 폭락했다 (<그림 1-6> 참고). 또 2007~2009년 글로벌 경제위기 시기 단위 노동 비용 지수는 97.7에서 101.6으로 약간 상승했지만, 달러 단위로 계산할 경우에는 121.5에서 92로 24.3%나 떨어졌다. 즉, 1997년 공황 및 2007~2009년 글로벌 경제위기 이후 한국 자본주의의 회복을 견인한 수출 급증은 주로 저임금과 원화 가치 하락, 즉 환율 상승이라는 가격 변수에 크게 의존했다. 또 단

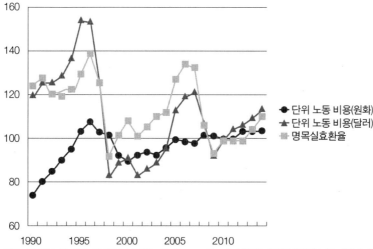

〈그림 1-6〉 1990~2014년의 제조업 단위 노동 비용과 명목실효환율(2010=100)

자료: 1) 단위 노동 비용: 콘퍼런스 보드(The Conference Board), '제조업 생산성과 단위 노동 비용 추세
　　의 국제비교'.
　　2) 명목실효환율: 세인트루이스 미국 중앙은행(Fedral Reserve Bank of St.Louis), '한국의 제조업
　　단위 노동 비용에 근거한 실질실효환율'.

위 노동 비용 저하가 착취율 상승의 다른 표현임을 고려한다면,[3] 1997년 공
황 이후 수출 증가의 주요인은 착취율 상승이었다고 할 수 있다.

---

3) 앞의 (2)식을 변용하면 rK=Z-M-W로 되는데, (1)식에서 rk=P임을 알 수 있다. 따라서
　　P=Z-M-W가 성립한다. 이 식의 양변을 생산량(Q)으로 나누면 $\frac{P}{Q} = \frac{Z}{Q} - \frac{M}{Q} - \frac{W}{Q}$가
　　되는데, 여기에서 P/Q는 생산 1단위당 이윤, 즉 이윤 마진(profit margin)이 되며 Z/Q는
　　생산 1단위당 가격, M/Q는 생산 1단위당 원자재 부품 비용, W/Q는 생산 1단위당 노동
　　비용, 즉 단위 노동 비용(unit labor cost)이 된다. 이 식에서 다른 모든 조건이 불변일 경
　　우 단위 노동 비용, 즉 W/Q의 감소가 곧바로 이윤 마진인 P/Q의 상승을 가져옴을 알
　　수 있다.

2) 한국의 지배적 자본의 초민족자본으로의 전화

1997년 공황 이후 세계화의 심화에서 특징적인 것은 초민족자본(trans-
national capital)의 한국 진출 증대와 이에 따라 한국의 지배적 자본이 초민족
자본으로 전화한 것이다. <그림 1-7>에서 보듯 외국인 주식 소유 비중은
1997년 공황 이후 급증하여 1997년 14.6%에서 2004년 42%를 기록했다가,
그 후 감소하여 2008년 28.9%였다. 하지만 최근 글로벌 경제위기로부터의
회복 국면에서 외국인 주식 소유 비중은 다시 증가세로 반전되어 2014년에
는 33.6%를 기록했다.

세계화의 중요한 지표인 외국인직접투자(FDI: Foreign Direct Investment)
유입도, <그림 1-8>에서 보듯 1997년 공황 이후 폭발적으로 급증했다.
FDI 유입은 1990년 8억 달러 수준에서 1999년 155억 달러까지 급증했다
가, 2003년 65억 달러로 감소했지만, 글로벌 경제위기 이후 다시 증가해
2014년 190억 달러로 사상 최고치를 기록했다. 1997년 공황 이후 외국자본
의 한국 진출과 동시에 한국자본의 세계시장 진출도 급증했다. 한국의 해외
직접투자, 즉 FDI 유출은 1990년대 이후 증가하기 시작하여 1990년 23.8억
달러에서 1996년 71.4억 달러로 증가했다. 1997년 공황 시기와 2000년대
초(2001년 9·11 대미테러 및 '닷컴 버블' 붕괴 시기)에는 잠시 주춤했지만, 2004
년부터 다시 급증세를 보여 2014년에는 350억 달러를 기록했다(<그림
1-8>). 2006년 이후 한국의 FDI 유출 액수는 FDI 유입 액수를 초과하여 직
접투자 기준으로 순자본 수출국이 되었다.[4] 그리하여 한국의 FDI 유출 스
톡이 세계 전체의 FDI 유출 스톡에서 차지하는 비중은 1990년 0.11%에서
2013년 0.83%로 증가했다(UNCTAD, 2014). FDI 유출·유입으로 측정되는

---

4) 김어진(2012)은 이를 한국 자본주의의 제국주의 또는 아류제국주의로의 전화를 시사하는
   것으로 해석한다.

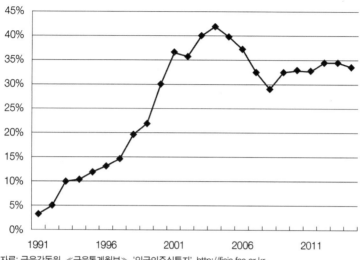

〈그림 1-7〉 1991~2014년 외국인 소유 주식 비중(연말시가총액 기준)

자료: 금융감독원, ≪금융통계월보≫, '외국인주식투자'. http://fisis.fss.or.kr

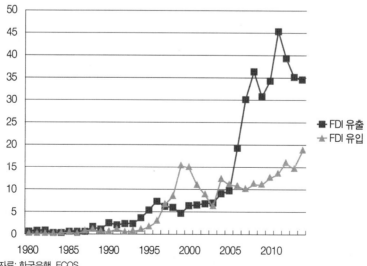

〈그림 1-8〉 1980~2014년 FDI의 추이(단위: 10억 달러)

자료: 한국은행, ECOS.

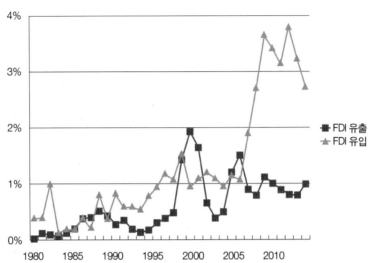

〈그림 1-9〉 1980~2013년의 GDP 대비 FDI 유출 및 유입 비율

자료: 1) GDP 대비 FDI 유입 비율: 세계은행, 세계 데이터뱅크, 세계개발지표, '해외직접투자, 순유입
(GDP 대비 %)', http://data.worldbank.org/indicator/BX.KLT.DINV.WD.GD.ZS
2) GDP 대비 FDI 유출 비율: 한국은행, 〈국제수지〉 '해외직접투자'를 세계은행, 세계 데이터뱅크,
세계개발지표, 'GDP(명목 미국 달러)'로 나눈 값.

자본의 세계화는 1997년 공황 이후에 크게 진전되었다. <그림 1-9>에서
보듯이, GDP 대비 FDI 유출 비율은 1987~1997년 평균 0.74%에서
1998~2013년 평균 2.12%로 3배나 증가했으며, GDP 대비 FDI 유입 비율
도 1987~1997년 평균 0.34%에서 1998~2013년 평균 1.03%로 3배 증가
했다. 또 <그림 1-10>에서 보듯, 2000년대 이후 한국의 GDP 대비 FDI 유
입 비율은 1%대로 이 기간 중 3~4%대를 기록한 OECD 나라들이나 동아
시아 나라들보다는 낮았지만, 동아시아 주요 자본 수출국인 일본보다 훨씬
높았다.

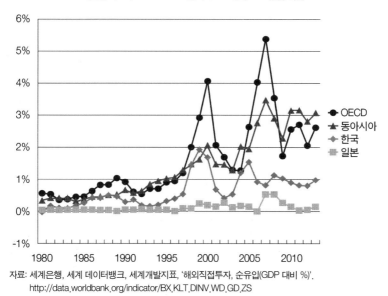

〈그림 1-10〉 1970~2013년의 GDP 대비 FDI 유입 비율

자료: 세계은행, 세계 데이터뱅크, 세계개발지표, '해외직접투자, 순유입(GDP 대비 %)'.
　　　http://data.worldbank.org/indicator/BX.KLT.DINV.WD.GD.ZS

3) 글로벌 가치사슬로의 편입 심화

　　1997년 공황 이후 한국 자본주의의 세계화에서 특징적인 것은 생산수단
의 수입의존도 심화이다. 다음 <그림 1-11>에서 보듯 생산수단의 수입의
존도는 1990년대 중반까지 감소 추세를 보였지만, 1990년대 후반부터 다시
증가했다. 즉, 경제 전체의 중간투입(원자재, 부품) 중 수입품 비중은 1975년
25.6%에서 1990년 18.8%까지 감소했다가 그 후 증가세로 돌아서 2013년
에는 25.6%로 높아졌다. 또 경제 전체의 총고정자본 형성 중 수입품의 비중
역시 1975년 27.7%에서 1990년 12.8%까지 감소했지만, 감소세는 1990년
대 이후 중단되어 2013년 14.6%로 증가했다. 특히 생산수단의 수입의존도
가 1995~2000년 사이와 2005~2010년 사이, 즉 두 차례의 위기를 전후하

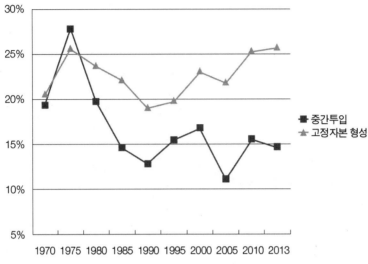

〈그림 1-11〉 1970~2013년 생산수단의 수입의존도

자료: 한국은행, 《산업연관표》.

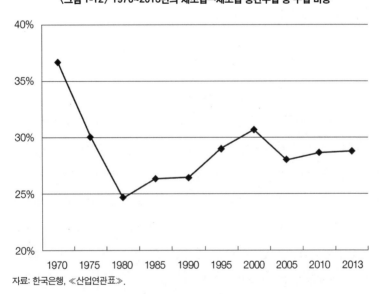

〈그림 1-12〉 1970~2013년의 제조업→제조업 중간투입 중 수입 비중

자료: 한국은행, 《산업연관표》.

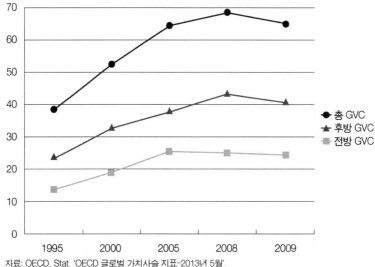

〈그림 1-13〉 1995~2009년 한국경제의 글로벌 가치사슬 참여 지수

자료: OECD, Stat. 'OECD 글로벌 가치사슬 지표-2013년 5월'.
https://stats.oecd.org/Index.aspx?DataSetCode=GVC_INDICATORS

여 증가한 것이 주목된다.

　1997년 공황 이후 한국 자본주의의 세계화에서 새로운 양상은 글로벌 가치사슬로의 편입이 심화되고 있다는 사실이다.[5] 중간투입 중 수입품 비중은 글로벌 가치사슬의 기본 지표인데, <그림 1-11>에서 보듯 이 비중은 1995년 이후 급등했다. 또 <그림 1-12>에서 보듯, 제조업에서 제조업으로의 중간투입 중 수입품 비중 역시 1970년대에는 감소했다가 1980년대 이후 증가세로 반전되었으며 2005년 이후에도 계속 증가하여 2013년 28.8%를 기록했다. 실제로 1990년대 후반 이후 한국 자본주의의 동아시아 생산 네트워크 및 글로벌 가치사슬로의 편입이 급속하게 확대되고 있다.[6] <그림 1-13>에

---

5) 글로벌 가치사슬에 대한 비판적 연구는 Starosta(2010), Selwyn(2012) 참조.
6) 최근 동아시아 생산 네트워크에 대한 비판적 분석은 Hart-Landsberg(2013) 참조.

〈그림 1-14〉 2009년 글로벌 가치사슬 참여 지수

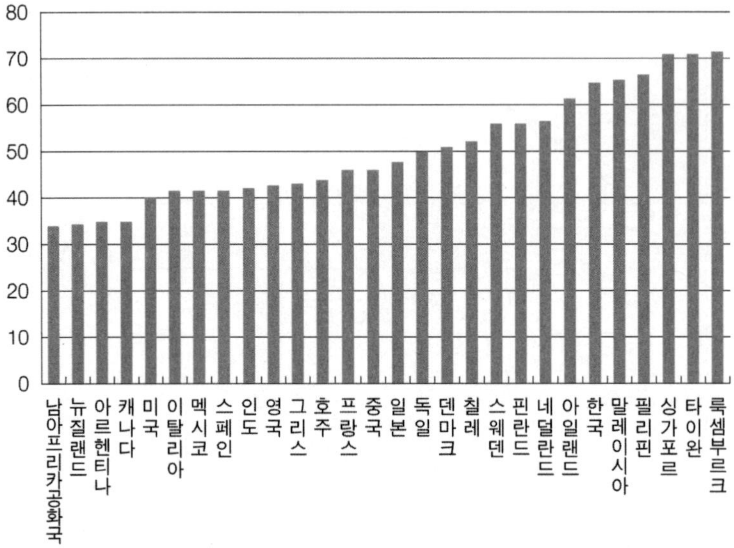

자료: OECD, Stat. 'OECD 글로벌 가치사슬 지표-2013년 5월'.
https://stats.oecd.org/Index.aspx?DataSetCode=GVC_INDICATORS

서 보듯 OECD가 발표하는 'GVC 참여 지수(GVC Participation Index)'는 총 GVC 참여 지수(=후방 GVC 참여 지수＋전방 GVC 참여 지수)의 경우 1995년 37.9에서 2009년 65로 급증했다. 특히 후방 GVC 참여 지수가 전방 GVC 참여 지수보다 높고, 2007~2009년 글로벌 경제위기 국면에서도 증가하고 있는 것이 주목된다. 또 <그림 1-14>에서 보듯 2009년 한국의 총 GVC 참여 지수 65는 OECD 조사 대상 57개국 중 6번째로 높았다.

4) 세계화의 모순과 한계

수출 극대화를 중심으로 한 세계화의 강행적 추진을 통해 위기를 돌파하려는 전략은 1997년 공황 이후 2007~2009년 글로벌 경제위기까지는 그런

〈그림 1-15〉 1970~2013년 수출의 부가가치 유발 계수 및 수입 유발 계수

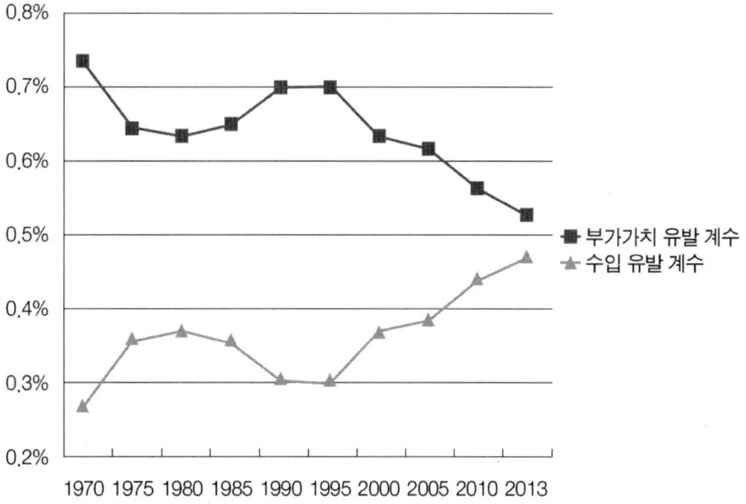

자료: 한국은행, ≪산업연관표≫.

대로 주효했다. 하지만 이런 전략이 향후에도 계속 작동할지는 불투명하다. 앞서 보았듯이 수출 증가가 환율이나 임금과 같은 가격 변수에 크게 의존하고 있고, 수출의존도의 절대 수준이 OECD 평균과 비교할 때 과대하게 불균형적으로 높다. 무엇보다 글로벌 경제위기가 지속되고, 최근 중국의 버블(거품)이 꺼지면서 2007~2009년 글로벌 경제위기 이후 한국 자본주의의 회복을 지탱해온 대중국 수출이 급감하고 있다. 글로벌 경제위기가 지속되면서 최근 한국의 수출 증가세는 확실히 둔화되고 있다. 한국의 대중국 수출은 2013년 전년비 8.6% 증가한 후 2014년 0.4% 감소했으며, 2015년 1~7월 전년 동기 대비 2.8% 감소했으며, 이로부터 같은 기간 한국의 수출 총액도 4.9% 감소했다(한국무역협회, 무역통계).

한국의 수출 주도 경제성장 전략의 취약성은 수출이 생산과 고용 증대보다 수입 증가를 유발하고 있다는 것과, 수출이 증가하면 할수록 생산수단 수

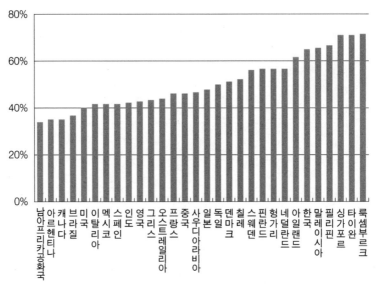

〈그림 1-16〉 2009년의 수출 중 수입액 비중

자료: OECD, Data, '수출 중 수입액 비중'.
https://data.oecd.org/trade/import-content-of-exports.htm#indicator-chart.

입 증가를 유발하여 수출이 국내 부가가치와 고용 증대로 이어지지 못한 데서 드러난다. 실제로 1997년 공황 이후 세계화의 진전에 따라 국내적 산업 연관이 점점 약화되면서 수출 증가는 생산 증가보다 수입 증가를 유발하여 수출의 경제성장 촉진 효과는 갈수록 감소했다. <그림 1-15>에서 보듯 수출 증가의 부가가치 유발 계수는 1995년 0.7에서 2013년 0.524로 감소한 반면, 수출 증가의 수입 유발 계수는 1995년 0.30에서 2013년 0.466으로 급증했다. 그 결과 <그림 1-16>에서 보듯 2009년 한국의 '수출 중 수입액 비중(import content of export)', 즉 수출액 대비 수출을 위해 수입한 원자재 부품액의 비율은 무려 65%로 조사 대상 57개국 중 6번째로 높았다. 반면, <그림 1-17>에서 보듯 2009년 한국의 '총수출 중 국내 부가가치 비중(domestic value added in gross exports)', 즉 수출액 중 국내 부가가치로 떨어지는 부분의

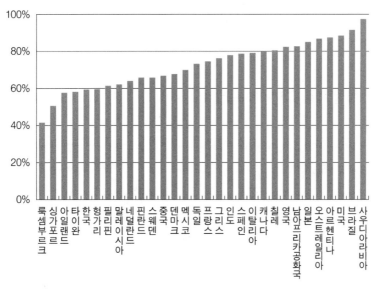

〈그림 1-17〉 2009년의 총수출 중 국내 부가가치 비중

자료: OECD, Data. '총수출 중 국내 부가가치 비중'.
https://data.oecd.org/trade/domestic-value-added-in-gross-exports.htm#indicator-chart

비중은 불과 59.4%로 조사 대상 57개국 중 6번째로 낮았다. 그 결과 1997년 공황 이후 경기가 회복했음에도 불구하고 그에 상응하여 고용이 증가하지 않는 현상, 즉 '고용 없는 성장'이 고착화되고 있다. 한국은행의 '산업연관표'에 따르면 수출 10억 원 증가당 직간접적으로 유발되는 피고용자 수는 1995년 22.2명에서 2013년 5.6명으로 급감했다. 다음과 같은 마르크스의 언급은 마치 1997년 공황 이후 21세기 오늘에 이르는 한국 자본주의를 묘사한 것 같다.

자본주의적 생산의 내적 모순은 생산의 외부영역을 확대함으로써 해결을 구한다. 그러나 생산력이 발달하면 할수록, 생산력은 소비관계가 입각하고 있는 좁은 기초와 더욱더 충돌하게 된다. 이러한 모순에 찬 토대 위에서는 자본

의 과잉이 증대하는 인구과잉과 공존한다는 것은 전혀 모순이 아니다(마르크
스, 2004: 294).

4. 한국 자본주의에서 세계화와 공황

1970년대 이후 한국 자본주의는 두 차례의 공황을 경험했다. 2차 오일쇼
크 해인 1980년 공황과 1997년 공황이다. <그림 1-18>에서 보듯 1980년
의 실질 GDP 증가율은 -1.9%였으며, 공황 이듬해인 1998년은 -5.7%였다.
반면 2007~2009년 글로벌 경제위기 동안 한국은 경제성장률이 대폭 하락
했지만 마이너스 성장, 즉 공황을 경험하지는 않았다. 2009년 한국경제의
실질 GDP 증가율은 플러스 0.7%였다. 한국 자본주의는 1987년을 기점으
로 장기 불황으로 접어들었으며, 1997년 공황 후 저성장 기조가 고착화되었
다. 실제로 한국경제의 실질 GDP 증가율은 1988~1992년(노태우 정권)
8.6%에서 1993~1997년(김영삼 정권) 7.4%, 1998~2002년(김대중 정권)
5.2%, 2003~2007년(노무현 정권) 4.5%, 2008~2012년(이명박 정권) 3.2%,
2013~2014년(박근혜 정권) 3.1%로 지속적으로 저하했다. 그래서 한국과
OECD의 연평균 실질 GDP 증가율 격차는 1970~1997년 5.9%p(한국 9%,
OECD 평균 3.1%)에서 1998~2014년 2.3%p(한국 4.1%, OECD 평균 1.9%)로
좁혀졌다.

1987년을 획기로 한 장기 호황에서 구조적 위기로의 전환은 이윤율 추이
로 설명될 수 있다. <그림 1-19>는 앞의 (1)식으로 정의한 이윤율(P/K)을
1970~2013년 비금융법인 부문(non-financial corporate sector)에 대해 계산한
결과이다. 이는 마르크스 세계시장공황론의 관점에서 볼 때 한국 자본주의
의 '정형화된 사실(stylized facts)'을 재확인해준다. 즉, 한국 자본주의의 고도

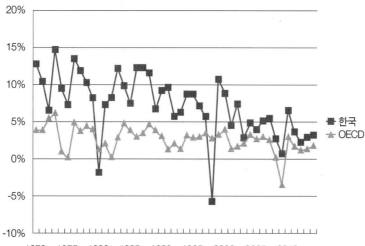

〈그림 1-18〉 1970~2014년의 연평균 실질 GDP 증가율

자료: 세계은행, 세계 데이터뱅크, 세계개발지표, 'GDP 증가율(연 %)'.
http://data.worldbank.org/indicator/NY.GDP.MKTP.KD.ZG

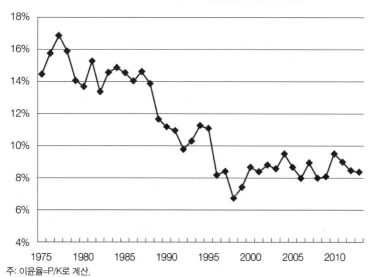

〈그림 1-19〉 1975~2013년의 비금융법인 부문의 이윤율

주: 이윤율=P/K로 계산.
자료: P는 한국은행, 『국민계정』, '제도 부문별 소득계정(명목, 연간)-비금융법인(원천)-영업잉여'. K는 한
국은행, 『국민계정』, '국민대차대조표-제도 부문별 생산자본스톡(명목, 연말 기준)'.

성장과 장기 호황은 1987년을 경계로 종식되었고 1997년 공황은 1987년 이후 시작된 구조적 위기의 연장선상에서 폭발했다는 것, 1997년 공황 이후 상당 정도로 경제가 회복되었지만 2007~2009년 글로벌 경제위기 이후에도 여전히 구조적 위기 국면에서 벗어나고 있지 못하다는 것이다.[7] <그림 1-19>에서 보듯, 15%대의 높은 수준을 유지했던 비금융법인 부문 이윤율은 1987년 이후 급속하게 하강하여 1998년에는 1970~2013년 이윤율의 최저점인 6.7%까지 하락했다. 공황 이후 신자유주의 세계화와 구조조정이 본격화되면서 이윤율은 2004년 9.5%로 회복되었지만, 2007~2009년 글로벌 경제위기 직전 시기인 2005~2006년 다시 소폭 하락한 후 다시 회복되는 듯하다가 2011년 이후 다시 하락세로 반전되어 2013년 8.4%를 기록했다. 2013년 비금융법인 부문 이윤율 8.4%는 1997년 공황 전 고점인 1987년 14.6%의 60% 수준이었다. 이는 한국 자본주의가 1997년 공황 이후 부분적으로 회복했고 2007~2009년의 글로벌 경제위기도 비껴갔지만, 1987년 이후 시작된 구조적 위기와 장기 불황에서 벗어나지 못하고 있음을 보여준다.

$$\frac{P}{K} = \frac{P}{Y} \times \frac{Y}{K} \quad \cdots\cdots\cdots\cdots\cdots\cdots\cdots (3)$$

$$\left(\frac{\dot{P}}{K}\right) = \left(\frac{\dot{P}}{Y}\right) + \left(\frac{\dot{Y}}{K}\right) \quad \cdots\cdots\cdots\cdots\cdots\cdots (4)$$

(1)식으로 정의된 이윤율은 (3)식처럼 GDP에 대한 이윤의 비율로 정의되는 이윤몫(P/Y)과 고정자본 스톡에 대한 GDP의 비율로 정의되는 산출-자본비율(Y/K)로 분해될 수 있다. 이로부터 이윤율은 이윤몫과 같은 방향으로 산

---

7) 정성진(2004)은 이와 같은 한국 자본주의의 '정형화된 사실'을 확인한 최초의 연구이다. 가장 최신 연구로는 정구현(2015)이 있다.

〈표 1-1〉 1970~2013년의 제조업 부문 이윤율, 이윤몫과 [산출-자본] 비율의 변화율

	(1) P/K	(2) P/Y	(3) Y/K	(4)=(2)/(1) P/Y	(5)=(3)/(1) Y/K
1970~2013년	-2.98%	-0.37%	-2.61%	12.5%	87.5%
1987~1996년	-5.88%	-1.63%	-4.25%	27.8%	72.2%
1996~2013년	0.08%	0.71%	-0.63%	-	-

주: (1)=(2)+(3) [본문 (4)식 참조].

출-자본 비율과 반대 방향으로 변동함을 알 수 있다. 마르크스의 '이윤율의 저하 경향 법칙'은 자본축적 과정에서 자본의 유기적 구성의 고도화에 따른 이윤율의 저하 경향을 가리키는데, 이는 (3)식에서 산출-자본 비율의 저하에 따른 이윤율 저하로 포착될 수 있다. 최근 토마 피케티(Thomas Piketty)가 말하는 '자본주의의 제1 기본법칙' $\alpha = r \times \beta$이 $\beta[=K/Y$, 자본-산출 비율. 이는 산출-자본 비율(Y/K)의 역수이다]의 증가가 $\alpha(=P/Y$, 이윤몫)의 증가, 즉 불평등의 심화를 결과로 가져오는 것을 보이는 법칙이라면(피케티, 2014), 마르크스의 이윤율 저하 경향 법칙은 $r = \alpha/\beta$에서 $\beta(=K/Y$, 자본-산출 비율)의 증가, 즉 산출-자본 비율(Y/K)의 저하가 $r(=P/K$, 이윤율)의 저하를 초래하는 관계를 보인 것이라고 할 수 있다. (3)식은 다시 (4)식과 같은 성장회계식의 형태로 바꿔 쓸 수 있다. <표 1-1>은 1970~2013년 제조업 부문에 대해 (4)식, 즉 이윤율 결정 요인들의 변화율을 추정한 것이다.

<표 1-1>과 다음 <그림 1-20>은 1970~2013년 이윤율의 장기적 저하 추세가 제조업 부문에서도 나타나고 있음을 보여준다. 또 이와 같은 이윤율의 장기적 저하는 압도적으로 산출-자본 비율의 저하, 즉 마르크스가 말한 자본의 유기적 구성의 고도화에 의해 초래되었다는 점, 1997년 공황에 이르는 기간인 1987~1996년 이윤율의 저하 역시 이윤몫의 저하보다 산출-자본 비율의 저하에 주로 기인했음을 보여준다. 실제로 1987~1996년 이윤율 저하에 대한 산출-자본 비율 저하의 기여분은 72.2%로 이윤몫 저하 기여분인

〈그림 1-20〉 1970~2013년 제조업 부문의 이윤율, 이윤몫 및 산출자본 비율

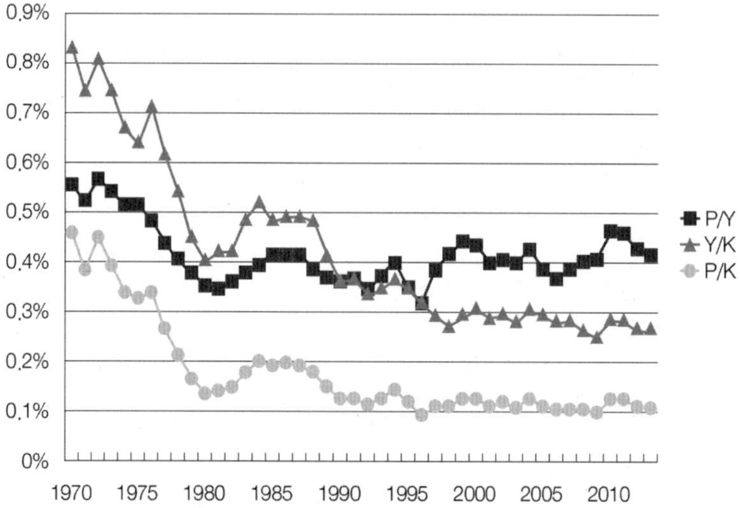

자료: Y, P는 각각 한국은행, 『국민계정』, '경제활동별 국내총부가가치와 요소소득(명목)' 중 '국내요소소득'과 '영업잉여'. K는 한국은행, 『국민계정』, '국민대차대조표-경제활동별 생산자본스톡(명목, 연말 기준)'.

27.8%의 곱절이 넘었다. 이는 1997년 공황이 마르크스가 말한 이윤율의 저하경향 법칙, 즉 자본의 유기적 구성의 고도화에 기인한 이윤율 저하를 배경으로 한 축적 위기였음을 보여준다. 또 <표 1-1>과 <그림 1-20>은 1997년 공황 이후 오늘에 이르기까지 이윤율은 더 이상 저하하지 않고 있지만, 이는 산출-자본 비율의 저하로 인한 이윤율 저하 압력(연평균 -0.63%)을 전적으로 상쇄하고도 남은 이윤몫의 증가(연평균 0.71%), 즉 착취율의 상승에 기인한 것이었음을 보여준다. 그리하여 이윤몫은 1996년 31.2%에서 2013년 41.7%로 급등하여, 1997년 공황 전 고점인 1985년 41.5%를 돌파했다. 특히 1997년 공황 직후 1996~2000년 4년 사이 31.2%에서 43.3%로 12.1%p 상승하고, 다시 2006~2010년 5년 사이 36.4%에서 46.1%로 9.7%p 상승했다. 이는 1997년 공황 후 세계화의 핵심이 다름 아닌 노동자계급에 대한

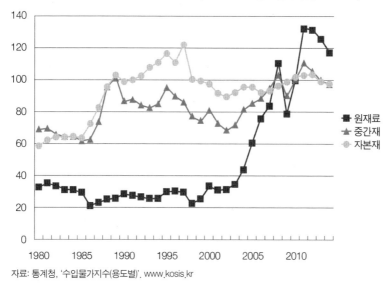

〈그림 1-21〉 1980~2014년의 수입 원재료, 중간재 및 자본재 물가지수(2010=100)

자료: 통계청, '수입물가지수(용도별)', www.kosis.kr

착취 강화를 통한 자본의 이윤율 회복이었음을 보여주는데, 이 역시 1997년 공황 이후 한국 자본주의의 '정형화된 사실' 중에 하나이다.

1997년 공황 이후 세계화의 급속한 진전은 수출 증가를 중심으로 잉여가 치 실현을 촉진하고 세계화와 연관된 정보화를 통해 자본회전을 가속화했 다. 이뿐만 아니라, 값싼 원자재, 부품 수입을 통한 불변자본 요소의 저렴화, 값싼 생활필수품 수입을 통한 노동력 가치의 억압, 즉 착취율 상승을 통해 이윤율 저하 경향을 상쇄했다.[8] 예컨대 <그림 1-21>에서 보듯이 1997년 이후 세계화의 진전, 수입 자유화의 진전에 따라 수입 중간재와 자본재의 물 가지수가 하락·안정되었으며, 이는 1997년 공황 이후 이윤율의 저하를 저지

___

8) 홍장표(2013)의 한국 제조업 이윤율 결정 요인의 계량분석에 따르면 1999~2009년 외 국인직접투자와 해외직접투자와 같은 생산자본의 세계화는 이윤율 상승 요인으로 작 용했다.

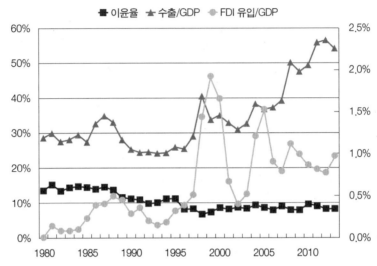

〈그림 1-22〉 1980~2013년의 이윤율, [수출/GDP] 및 [FDI 유입/GDP] 비율

주: 이윤율은 비금융법인 부문 이윤율. FDI/GDP 비율의 축은 오른쪽 축.
자료: 본문 〈그림 1-2〉, 〈그림 1-9〉, 〈그림 1-19〉.

하는 데 기여했다.[9]

하지만 케인스주의와 발전국가론자들은 세계화가 1997년 공황의 원인이
라고 주장한다. 예컨대 제임스 크로티(James Crotty)와 이강국은 다음과 같이
주장했다.

공황의 주요한 원인은 한국의 발전모델 구조에 내재한 비효율성이 아니라
자유화(liberalization)가 만들어낸 우연적인 비효율이다. …… 자유화는 한국을
금융공황이 거의 불가피한 지점까지 몰고 갔다. …… 1990년대의 파괴적인 자

─────────────

9) <그림 1-21>에서 2000년대 중반 이후 세계화, 무역자유화의 진전에도 불구하고 원자
재 수입 물가지수가 급등한 것은 주로 중국의 급속한 공업화에 기인한 원자재 수요 급
증 및 국제 원자재 가격 상승 때문인 것으로 해석된다.

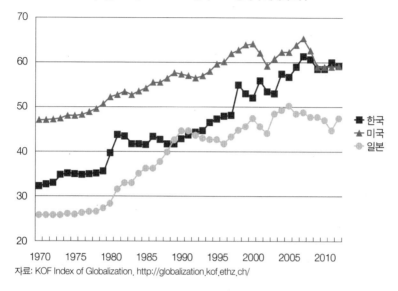

〈그림 1-23〉 1970~2012년의 KOF 경제적 세계화 지수

자료: KOF Index of Globalization. http://globalization.kof.ethz.ch/

유화가 한국경제가 어려운 시기로 접어드는 것을 불가피하게 했다(Crotty and
Lee, 2009: 151, 153, 164. 강조는 크로티와 이강국).

그런데 이런 주장이 성립하기 위해서는 1997년 공황 전에 세계화가 크게
진전되었다는 사실이 입증되어야 한다. 하지만 1997년 공황 전 이윤율 저하
기간인 1987~1997년 동안 세계화를 측정하는 핵심 지표인 GDP 대비 수
출 비율과 GDP 대비 FDI 유입 비율은 의미 있는 증가 추세를 보이지 않았
다. 오히려 1987~1997년 동안 이 비율들은 거의 증가하지 않거나 심지어
감소했다(<그림 1-22>). 한국에서 세계화는 공황 이전이 아니라 공황 이후
급격하게 진전되었다. 예컨대 <그림 1-23>에서 보듯 한국의 KOF 경제적
세계화 지수(KOF economic globalization index)[10]는 1980년 공황을 전후하여
1979년 35.8에서 1981년 44로 급상승했으며 1997년 공황 직후, 즉 1997년

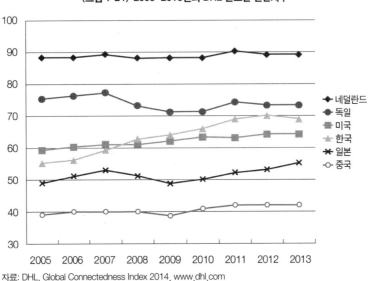

〈그림 1-24〉 2005~2013년의 DHL 글로벌 연결지수

자료: DHL, Global Connectedness Index 2014. www.dhl.com

48.2에서 1998년에는 55.1로 급등했다. 한국의 KOF 경제적 세계화 지수는 1997년 공황 후 2000년대에 계속 빠르게 상승하여 이 시기 세계화 진전이 둔화된 일본을 추월한 것은 물론 2012년 59.3을 기록하여 세계화를 주도하는 국가인 미국의 지수 58.8보다 높아졌다. 특기할 만한 것은 2007~2009년 글로벌 경제위기 국면에서 세계 대부분의 나라들에서는 세계화 정도가 감소했지만, 한국 자본주의에서는 중단 없이 진전되었다는 점이다. <그림 1-24>에서 나타나듯이 2007~2009년 'DHL 글로벌 연결지수'[11])는 독일

---

10) KOF 경제적 세계화 지수는 무역, 외국인직접투자 스톡, 증권투자, 외국인에 대한 소득 지불 등 GDP에 대한 비율과 규제 정도(은폐된 수입 장벽, 평균 관세율, 경상수지에 대한 관세 비율, 자본계정 규제 등)에 특정한 가중치를 두어 계산한다.

11) DHL 글로벌 연결지수는 무역, 자본, 정보, 사람 등 4개 범주에 대해 글로벌 연결의 깊이와 넓이를 GDP에 대한 상품 무역 및 서비스 무역 비율, GDP에 대한 직접투자 및 증권투자 비율, 인터넷 사용자의 초당 인터넷 광역대 비트 수, 국제전화 사용 시간, 1인

은 77에서 71로, 일본의 경우 53에서 49로 감소했고, 이 시기 급격히 세계화
한 중국도 40에서 39로 감소한 반면, 한국은 59에서 64로 증가했다. 2013년
68로 순위도 세계 13위였다. 한국 자본주의에서 세계화는 한편에서는 1997
년 공황을 기화로 한 초민족자본의 개방 공세의 결과로서 수동적으로 강요
되었으며, 다른 한편에서는 1997년 공황에 대한 자본과 국가의 대응 전략으
로서 강행되었다. 2000년대 이후 자유무역협정(FTA: Free Trade Agreement)
체결 국가 수가 급증한 것은 그 한 예이다. 2003년 칠레를 시작으로 2007년
미국, 2010년 EU(유럽연합) 28개국, 2014년 호주와 FTA를 체결하여, 2015
년 현재 한국과 FTA가 체결·발효된 국가는 50개국에 이르렀다.

한국 자본주의에서 세계화가 1997년 공황 이후와 2007~2009년 글로벌
경제위기 이후 급속하게 진전되었음은 해외기업 인수 및 매각액을 보이는
<그림 1-25>에서도 확인할 수 있다. 즉, 한국 기업이 외국 초국적기업으로
매각된 금액은 1997년 공황 이전에는 연평균 10억 달러 미만이었지만,
1998년 39억 달러, 1999년 105억 달러로 급증했고 2005년까지 연평균 50
억 달러를 웃돌았다. 또 한국 초국적기업의 외국 기업 인수액은 2006년 이
전까지는 연평균 10~20억 달러 수준이었지만, 글로벌 경제위기가 시작된
2007년 84억 달러, 2010년 100억 달러로 급증했고, 2014년까지 연평균 약
60억 달러를 기록했다. 즉, 한국자본의 세계화는 공황과 경제위기 이전이 아
니라 이후 급진전되었다. 다만 1997년 공황 이후 한국자본의 세계화가 주로
외국 초국적기업의 한국 기업 인수라는 수동적 형태로 진행된 것에 비해,
2007~2009년 글로벌 경제위기 이후 한국자본의 세계화는 주로 한국 초국
적기업의 외국 기업 인수라는 능동적 형태로 진행되고 있다. 2007~2009년
글로벌 경제위기 이후 대다수 선진국 자본의 세계화가 일시적으로 위축되

당 출판물 교역 액수, 인구 대비 이민자 비율, 국민 1인당 해외 여행객 수, 대학 재학생
대비 유학생 비율 등의 지표에 특정한 가중치를 부여하여 계산한다.

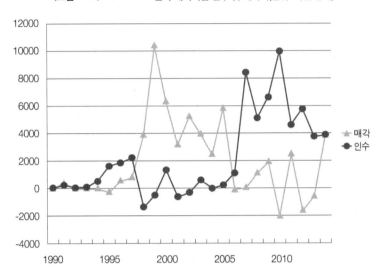

〈그림 1-25〉 1990~2014년의 해외기업 인수 및 매각액(단위: 백만 달러)

주: 1) 매각= 외국 기업의 한국 기업 인수액 − 외국 기업의 한국 자회사 매각액.
    2) 인수= 한국 기업의 해외 기업 인수액 − 한국 기업의 해외 자회사 매각액.
    3) 10% 이상 지분 취득 거래만을 포함.
자료: UNCTAD, 2015년 세계투자보고서, 부표. www.unctad.org.

거나 둔화된 조건에서 한국자본의 이와 같은 능동적 세계화는 가히 돌출적
이다.

5. 맺음말

   1997년 공황 이후 한국 자본주의의 주요한 특징 중 하나는 자본의 공세하
에 노동자계급에 대한 착취 강화와 함께 심화되고 있는 세계화이다. 1997년
공황 이후 한국 자본주의의 세계화는 일면적인 '종속 심화'가 아니었다. 한
편에서는 한국에서 활동하는 초민족자본의 비중과 영향력 증대를 수반하면

서도, 다른 한편으로는 한국의 지배적 자본이 초민족자본으로 전화하고, 자
본이 가치 증식을 하고, 가치 실현 장소가 세계적으로 확장되고, 글로벌 가
치사슬로의 편입이 심화되었다. 한국에서 세계화, 즉 한국자본의 세계시장
진출과 한국 자본주의의 세계시장 편입이 가속화된 것은 1997년 공황 이전
이 아니라 이후이다. 물론 세계화는 1997년 공황 전부터 진행되었다. 1993
년 집권한 김영삼 정권의 슬로건도 다름 아닌 세계화였다. 1997년 공황 전
의 세계화는 이미 1987년부터 시작된 한국 자본주의의 구조적 위기에 대한
대응이었다. 그런데도 케인스주의 경제학 및 발전국가론자들은 이른바 '준
비되지 않은 개방', '금융자유화'가 1997년 공황을 초래했다고 주장한다. 하
지만 이 장에서 필자는 1997년 공황 이전의 세계화는 1997년 공황 이후의
세계화와 그 양과 질에서 비교가 되지 않음을 확인했다. 1997년 공황 이후
세계화는 생산자본의 세계화, 글로벌 가치사슬의 편입에서 보듯이 이전과
질적으로 다른 차원에서 확대되었다. 1997년 공황 이전의 세계화가 이미
1987년부터 시작된 한국 자본주의의 구조적 위기, 장기 불황에 대한 자본과
국가의 대응인 것처럼, 1997년 공황 이후의 세계화 역시 1997년 공황에 대
한 자본과 국가의 대응이었다. 한국 자본주의의 공황은 세계화로 인해 초래
된 것이 아니다. 거꾸로 공황 이후, 특히 1997년 공황 이후 위기의 돌파 전략
으로 세계화가 자본과 국가에 의해 공세적으로 추진되었다. 나아가 1997년
공황 이후 세계화의 급격한 진전에도 불구하고 한국이 2007~2009년 글로
벌 경제위기에서 비켜나갔다는 사실, 게다가 2007~2009년 글로벌 경제위
기 이후에도 세계화가 계속 돌출적으로 심화되고 있다는 사실은 케인스주
의 경제학과 발전국가론처럼 세계화를 공황의 원인으로 설정하는 것이 잘
못임을 시사한다. 세계화가 공황의 원인이 아니고 오히려 이윤율 저하 공황
을 상쇄 저지하기 위한 자본과 국가의 경향이자 전략이기 때문에 세계화를
규제 혹은 역행하는 자본통제 같은 정책으로는 공황을 타개하거나 미연에

방지할 수 없다.[12] 그렇다고 거꾸로 세계화를 도리어 촉진하는 방안 역시 자본주의에서 공황의 장기적·근본적 해결책이 될 수 없다. 최근 중국의 고도성장이 종식되면서 이에 연동되어 냉각되고 있는 한국의 수출 주도 성장 엔진은 세계화를 통한 공황 타개 전략에 근본적 한계가 있음을 시사한다. 특히 최근 글로벌 가치사슬로의 편입이 심화된 결과 어느 한 나라 또는 지역에서의 가치사슬 '오작동', 애로, 혹은 단절은 곧바로 글로벌 수준에서 가치생산의 위기, 공황으로 파급된다. 이는 유통이나 금융의 문제가 아니라 생산의 문제라는 점에서 2007~2009년 글로벌 경제위기에서 경험했던 금융세계화로 인한 위기의 세계적 파급보다 더 직접적이고 신속하게 파급되어 글로벌 가치생산에 타격을 가할 수 있다. 따라서 세계화는 이윤율 저하 공황 경향을 일시적으로 상쇄 저지할 수 있어도 장기적으로는 오히려 자본축적의 모순을 지구적으로 확장 심화하여 더 큰 공황의 폭발을 예비할 뿐이다. 자본주의 공황은 오직 자본의 세계화에 맞선 반자본주의 혁명의 세계화를 통해서만 끝장낼 수 있다.

---

12) 2007~2009년 글로벌 경제위기 및 유로존 위기에 대한 진보좌파의 처방에 대한 비판적 검토로는 정성진(2012a, 2014)을 참조할 수 있다.

참고문헌

김어진. 2012. 「제국주의 이론을 통해 본 한국 자본주의의 지위와 성격에 관한 연구: 한국
　　자본주의의 아류제국주의적 성격을 중심으로」. 경상대학교 대학원 정치경제학과
　　박사학위논문.
마르크스, 칼. 1991. 『자본론』(Ⅰ권). 김수행 옮김. 비봉출판사.
＿＿＿. 2004. 『자본론』(Ⅲ권). 김수행 옮김. 비봉출판사.
정구현. 2015. 「한국자본주의의 생산과 재생산구조의 변화, 1980-2011년」. 경상대학교
　　대학원 정치경제학과 석사학위논문.
정성진. 2004, 「1997년 이후 한국자본주의의 변화」. ≪경제와 사회≫, 제64호, 84~117쪽.
＿＿＿. 2012a. 「2007-2009년 글로벌 경제위기와 마르크스주의 공황론」. 김수행·장시복
　　외 지음. 『정치경제학의 대담-세계대공황과 자본주의의 미래』. 사회평론.
＿＿＿. 2012b. 「마르크스의 세계시장공황론: 세계화와 공황의 연구 방법을 위하여」, ≪마
　　르크스주의 연구≫, 9권 3호, 12~65쪽.
＿＿＿. 2013. 「한국자본주의에서 위기와 축적의 절대적 일반법칙」. 맑스코뮤날레 집행
　　위원회 엮음. 『세계자본주의의 위기와 좌파의 대안』. 한울.
＿＿＿. 2014. 「세계화의 모순과 유로존 위기」. 정성진 외 지음. 『세계자본주의의 위기와
　　좌파의 대안』. 한울.
폴라니, 칼. 2009. 『거대한 전환』. 홍기빈 옮김. 길.
피케티, 토마. 2014. 『21세기 자본』. 장경덕 옮김. 글항아리.
한국무역협회. 무역통계(KITA.net).
한국은행. 『국민계정』(www.bok.or.kr).
홍장표. 2013. 「한국 제조업의 이윤율 추이와 변동요인」. ≪마르크스주의 연구≫, 제10권
　　제4호, 10~44쪽.

Bowles, S., R. Edwards and F. Roosevelt. 2005. *Understanding Capitalism: Competition,
　　Command, and Change*, 3rd ed. Oxford University Press.
Chang, H. 1998. "Korea: The Misunderstood Crisis." *World Development*, Vol.26. No.8.
　　pp.1555~1561.
Crotty, J. and K. Lee. 2009. "Was IMF-Imposed Economic Regime Change in Korea
　　Justified? The Political Economy of IMF Intervention." *Review of Radical Political
　　Economics*, Vol.41, No.2, pp.149~169.
Fedral Reserve Bank of St.Louis. 'Real Effective Exchange Rates Based on Manufacturing
　　Unit Labor Cost for the Republic of Korea.'(https://research.stlouisfed.org/fred2/
　　series/CCRETT02KRQ661N).

Grossmann, H. 1992. *The Law of Accumulation and Breakdown of the Capitalist System. Being also a Theory of Crises*. Pluto Press.

Hart-Landsberg, M. 2013. *Capitalist Globalization: Consequences, Resistance, and Alternatives*. Monthly Review Press.

UNCTAD. 2014. World Investment Report.

Selwyn, B. 2012. *Workers, State and Development in Brazil*. Manchester University Press.

Starosta, G. 2010. "Global Commodity Chains and the Marxian Law of Value." *Antipode*, Vol.41, No.2, pp.433~465.

The Conference Board. 'International Comparisons of Manufacturing Productivity and Unit Labor Costs Trends, Related Products.'(https://www.conference-board.org/ilcprogram/index.cfm?id=30139).

제2장
한국 자본주의와 국가에 대한 일고찰

이정구 | 경상대학교 사회과학연구원 연구교수

1. 서론

마르크스주의에서 국가 문제는 여전히 핵심 쟁점 중의 하나다. 국가 문제를 다룰 때 핵심적인 논점은 자본과 국가의 관계를 어떻게 설정할 것인가 하는 점이다. 즉, 자본주의 사회에서 국가가 자본축적에 어떤 역할을 하는지가 핵심적인 쟁점이다. 마르크스주의 전통에서 이 문제를 두고 많은 논쟁들이 있었다.

마르크스주의의 국가를 둘러싼 논쟁들을 재분류하면 국가를 단순한 상부구조로 바라보는 입장과 자본으로 바라보는 두 입장으로 나뉜다. 먼저 국가를 단순한 상부구조로 바라보는 고전적 사례는 마르크스와 엥겔스가 '공산당 선언'에서 언급한 것처럼 "현대의 국가 권력은 전체 부르주아지의 공동 사업을 관장하는 위원회(마르크스·엥겔스, 2003: 18)"라고 말한다. 이런 입장은 국가를 자본주의 경제 체제의 외적인 것으로 바라본다. 이 입장에서 자본주의는 기업의 이윤 추구로, 국가는 지리적 기반을 가진 정치적 실체로, 이들의 경계인 국경은 개별 자본의 활동 영역을 가로지르는 것으로 이해된다.

국가는 자본주의 생산의 정치적 전제 조건(자본가들의 재산을 보호하고, 지배계급 성원들 사이의 거래를 보호하고, 체제의 재생산에 필수적인 일정 서비스를 제공하고, 사회의 다른 부문들이 자본주의적 통치를 받아들이도록 하는 데 필요한 개혁들)을 실행하기 위해 역사적으로 발전한 상부구조일 수는 있지만 국가가 자본주의 체제 자체와 동일시될 수는 없다는 것이다(하먼, 1996: 28).

크리스 하먼은 마르크스와 엥겔스가 밝힌 이런 견해의 기원이 마르크스 자신에게 있다기보다는 고전 경제학자들에게 있다고 지적한다. 즉, 마르크스는 야경국가의 필요성에 대한 고전 경제학자들의 주장을 그대로 받아들였다는 것이다(하먼, 1996: 28).

그럼에도 이런 입장은 강단 마르크스주의자들에게서 자주 발견된다. 대표적으로 랠프 밀리밴드(Ralph Miliband)와 니코스 폴란차스(Nicos Poulantzas) 사이에 벌어진 국가 논쟁을 들 수 있다. 밀리밴드는 흔히 국가에 대한 도구주의적 관점이라고 알려진 견해, 즉 국가의 지도적 인사들이 사적 자본 소유자들과 같은 배경 출신이기 때문에 국가가 자본가 계급에게 매여 있다는 견해를 밝혔다.

폴란차스는 이에 반대하면서 밀리밴드의 견해는 국가와 자본주의 사이의 우연적 관계만을 보는 것이며, 국가의 상층부에 운영 인력을 공급하는 사람들이 누구이냐는 것에 따라 국가의 성격이 결정된다고 보는 것이라고 논박했다. 그는 이른바 기능주의 국가관을 제시했는데, 국가는 자기가 속해 있는 사회의 필요를 충족시켜야 한다는 것이다. 이것이 자본주의 사회이기 때문에 국가는 자본주의 국가일 수밖에 없다. 폴란차스에 따르면 국가는 '계급 세력의 응축물(condensate of class forces)'이며 국가가 응축시키는 세력은 바로 자본가 세력이다(하먼, 1996: 28).

이 둘의 논쟁이 치열하고 또 견해가 서로 다른 듯해도 핵심적 내용은 비슷하다. 바로 개혁주의에 문호를 열어놓았다는 점이다. 밀리밴드의 견해는 결국 국가를 움직이는 사람들을 바꾸면 그 국가의 성격이 바뀔 수 있다는 내용을 함축하고 있다. 폴란차스의 견해를 보면, 계급 세력의 응축물인 국가에 노동자 계급의 압력이 가해지면 노동자 국가가 될 수 있다는 내용이다. 또한 밀리밴드와 폴란차스가 사회 변화의 주체인 노동자 계급 투쟁에 대해서는 전혀 고려하고 있지 않다는 점에서도 공통적이다.

대부분의 좌파가 국가와 자본을 대립하는 것으로 인식하고 국가를 자본의 이해관계를 대변하는 기구로 보았지만 다른 한편으로 국가를 자본과 같은 것으로 여기는 소수파도 존재했다. 이와 같은 입장의 기원은 제국주의에 관한 연구를 했던 니콜라이 부하린(Nikolai Bukharin)까지 거슬러간다. 부하린은 국가와 자본의 융합, 국가자본주의트러스트 등을 언급했다.[1] 토니 클리프(Tony Cliff)는 부하린의 통찰을 이어받아 국가자본주의론을 발전시켰는데, 마이클 키드론(Michael Kidron)은 여기서 한발 더 나아간 이론을 발전시켰다. 그는 개별 국가와 개별 자본은 서로 완전히 융합되어 있으며, 모든 국가는 일련의 국민적 기반을 가진 자본의 요구에 따라 행동하고, 모든 중요한 자본은 특정 국가에 병합된다고 생각했다(하먼, 1996: 32). 이와 비슷한 생각은 1970년대 국가도출 논쟁에서 데이비드 야페(David Yaffe) 등의 근본주의자들에 의해 분명하게 제시되었다. 이들은 국가가 자본의 속성에서 도출된다고 주장했다.

이 두 가지 견해는 정치적 실천과 그 방향에서 분명한 문제점을 드러낼 수

---

1) 부하린이 국가를 도구주의적으로 해석하지 않은 것은 분명하다. 오히려 제국주의 시대에 국가는 다양한 부르주아 기구들을 모두 자신에게로 흡수하며 지배계급의 단일한 보편적 기구가 된다고 주장했다. 부하린에게 문제가 되는 것은 경제환원론이 아니라 오히려 그 반대인데, 부하린은 국가자본주의화 경향이 절정에 이른 1914~1945년에도 자본주의 경제에 대한 국가의 의식적 조직화를 너무 강조했다(캘리니코스, 2011: 111).

밖에 없다. 만약 국가가 단순히 상부구조라면, 정치 영역에서 발생하는 문제
들과 경제 영역에서 발생하는 문제들은 구분될 뿐 아니라 서로 별개의 것이
라고 주장할 수 있다. 이렇게 되면 여성 억압이나 경찰의 폭력 또는 인종주
의 정책들이 잉여가치 추출과 계급투쟁과는 무관하다고 주장할 수 있다. 이
런 주장은 사민주의자들이 자본주의의 핵심인 경제 권력을 노동자 계급에
게로 바꾸지 않고서도 제국주의 전쟁이나 비민주적 정책 등을 없애거나 억
제할 수 있다고 생각하는 것으로 이어진다.

국가와 자본이 완전히 융합되어 있다는 주장도 실천에서 오류를 낳기는
마찬가지다. 이 견해에 따르면, 국가가 수행하는 온갖 억압이나 폭력도 자본
축적의 필요에서 곧바로 비롯하는 것으로 간주된다. 따라서 성적 억압, 인종
차별, 관료적 위계제, 정당, 심지어 노동조합 조직조차 모두 자본으로서의
국가라는 논리의 산물이 된다. 이런 견해는 자본주의적 지배의 토대 자체에
도전하는 근본적 사회 충돌과 기존의 제도 구조를 개혁함으로써 포용될 수
있는 덜 근본적인 사회 충돌 사이의 차이가 전혀 없다는 결론으로 나아간다
(하먼, 1996: 34).

다른 한편에서는 국가와 자본 사이에 어떤 상호 연관성은 없고 우연한 관
계만 있다는 주장을 제기한다. 정치적 마르크스주의자에 속하는 젊은 학자
들인 한네스 라허(Hannes Lacher)와 베노 테슈케(Benno Teschke) 등이 그들이
다. 테슈케는 『1648년에 관한 신화』라는 책에서 국제관계학 이론의 초석이
된 신화, 즉 근대 국가 체제가 30년 전쟁을 끝낸 1648년의 베스트팔렌 조약
에서 탄생했다는 신화를 역사적 근거를 들며 해체했다. 테슈케는 베스트팔
렌 조약으로 형성된 지정학적 체제가 전근대적이었고, 특히 절대왕정과 연
관이 있다고 주장했다. 절대왕정은 봉건적 사회구성체도 아니고 자본주의
의 원조격도 아니었지만 사유(私有)왕권이라는 독특한 형태를 통해 경제와
정치를 융합시켰다고 한다. 따라서 국제관계학에서 말하는 베스트팔렌 체

제는 바로 전근대적 국제 질서였다(캘리니코스, 2011: 119).

라허는 자본주의와 국가 체제 사이의 연관은 순전히 우연이라는 결론으로 나아갔다. 그는 다음과 같은 이유로 마르크스주의적 국제관계학을 비판한다. 즉, 마르크스주의 국제관계론은 자본주의 국가의 영토적 경계를 기정사실로 받아들이고, 나아가 마르크스주의 국가 (도출) 논쟁의 당사자들이 자본주의 국가를 설명하려 했던 것과 근본적으로 동일한 방식으로 국제 체제를 설명한다. 이 과정에서 자본주의적 정치 공간이 왜 영토적으로 분리되어 있느냐는 이론적 문제는 시야에서 사라진다. 라허에 따르면 유럽의 국가 체제는 봉건제에서 자본주의로의 이행기에 등장한 것이 아니라 봉건제가 절대왕정으로 대체되면서 등장했다. 그 뒤 등장한 자본주의는 일반화된 비인격적 소유에 바탕을 둔 주권 개념을 독자적으로 발전시켰지만, 기존의 국가 체제에 의해 확립된 지정학적 맥락 속에서 그렇게 했을 뿐이다. 그 결과 비록 국가 간 체제가 자본주의의 일반화 과정에서 함께 자본주의화했기 때문에 자본주의적인 것은 사실이지만 그것은 동시에 자본의 작동 방식을 규정하고 설정하기도 했다. 라허는 더 나아가 자본주의는 국가 체제 없이도 존재할 수 있고, 기존의 국가 체제를 다른 형태의 정치적 주권으로 대체할 수도 있다고 주장했다(캘리니코스, 2011: 120). 엘런 메익신즈 우드(Ellen Meiksins Wood)는 같은 정치적 마르크스주의 경향에 속해 있지만 앞의 두 사람과 다른 입장을 보인다. 그녀는 "자본주의 체제의 논리는 그것이 도처에서 세계화를 추동하는 경제적 힘을 창조한 것과 마찬가지로 영토적 국가 또한 재생산했다. 달리 말해 자본주의의 팽창 본능과 자본주의의 영토적 분열 사이의 모순을 격화시키는 것이 바로 자본주의의 본질"이라고 말했다(Wood, 2002: 22~30).

국가를 계급 지배의 도구이면서 자본 그 자체와는 구분되는 존재로 인식할 때 국가와 자본이 어떤 관계를 가지는가 하는 문제는 현실의 국가가 취하는 정책을 이해하기 위해서 매우 중요하다. 도구주의적 관점이나 기능주의적 관점에서 바라보지 않으면서도 자본축적 과정에서 국가의 역할을 파악하는 일이 매우 중요하게 된다.

　마르크스도 자본주의의 동학을 연구하기 위한 계획(소위 플랜)을 세웠는데 6개의 주제 중 하나가 바로 국가였다. 비록 마르크스가 이 연구를 완성하지 못했지만 그 핵심 내용들은 마르크스의 여러 저작에서 나타나고 있다. 마르크스의 국가론에 기초하고 또 마르크스주의자들의 국가 논쟁에서 이끌어낼 수 있는 한 가지 핵심적 결론은 국가와 자본이 구조적 상호의존 관계를 가진다는 점이다. 이것은 구조주의적 관점에 대한 마르크스주의 국가론의 비판적 발전이라 할 수 있다. 구조주의적 국가론은 국가와 자본의 구조적 연결을 강조하지만 핵심으로는 국가의 상대적 자율성을 강조한다. 여기서 국가의 상대적 자율성이 어느 정도인가 하는 문제가 발생한다. 국가의 상대적 자율성이 하나도 없다면, 국가가 자본의 도구이고 국가는 자본의 필요에 따라 형성되는 도구라고 할 수 있다. 만약 국가가 자본으로부터 완전한 자율성을 가진다면 그것은 국가와 자본이 별개의 존재일 뿐 아니라 별개의 이해관계를 가진다고 말할 수 있다.

　다시 말하면 국가와 자본의 구조적 연결 구조를 어떻게 이해할 것인가, 그리고 이런 상호관계가 언제부터 생겨났는가 하는 쟁점이 제기된다. 이와 관련하여 최근 신베버주의인 라허와 테슈케, 정치적 마르크스주의자인 우드, 로버트 브레너(Robert Brenner), 그리고 알렉스 캘리니코스(Alex Callinicos)와 저스틴 로젠버그(Justin Rosenberg) 등의 주장과 이들 사이의 논쟁이 현실의 국가를 이해하는 데 큰 도움이 된다.

　이 논쟁들에서 이끌어낼 수 있는 몇 가지 교훈은 다음과 같다.

　(1) 자본은 하나의 자본이 아니라 다수 자본으로 이해해야 한다.

　(2) 국가와 자본은 상호의존하는 관계를 형성하지만 이 둘은 별개의 존재

이다.

(3) 자본주의와 국가 체제는 라허나 테슈케가 주장하듯이 우연한 관계가 아니라 긴밀한 연계를 가진다.

(4) 자본주의 국가는 다른 체제에서의 국가와는 다른 자본주의적 특징을 지닌다.

이런 관점에 기초하여 한국 자본주의에서 국가의 성격을 규명하는 작업에 착수할 계획이다.

2. 발전국가론의 등장과 발전

제2차 세계대전 이후 1970년대까지는 국가 개입의 수준이 높은 시기였다. 선진국과 후진국을 막론하고 국가는 경제에 개입했다. 세계 각국의 정부들은 외환, 금리, 대출 등에 대한 금융 규제를 실시했을 뿐 아니라 특정 산업을 새로 창출하고자 민간기업을 후원하거나 공기업을 세웠다.

북한과 중국 등 소위 '사회주의 국가'뿐 아니라 한국, 대만, 인도 등 제3세계 국가들은 경제개발계획을 통해 경제에 적극 개입했다. 그리고 이런 추세는 라틴아메리카 등에도 큰 영향을 미쳤다. 전 세계의 많은 좌파들이 국가의 경제 개입을 옹호하는 케인스주의적 내용을 자신들의 정치적 내용에 포함시키는 일들이 벌어졌다.

그런데 1970년대 중반부터 세계경제에 침체와 위기가 닥치면서 국가 개입으로는 경제발전을 계속 추진할 수 없음이 드러났다. 물론 그러는 과정에서 동아시아의 네 마리 용이라 불리는 한국, 대만, 홍콩, 싱가포르는 눈부신 경제발전을 이루기도 했다. 이런 성과는 세계경제의 구조조정 과정에 적절히 스며들면서 그 틈새시장을 공략한 덕분이었다. 하지만 선진국이나 개도

국 또는 후진국 모두 국가의 경제 개입으로 반드시 경제발전을 이룩할 수 있
는 것은 아니었다. 그래서 미국과 영국 같은 선진국들은 1980년대 초반부터
신자유주의 정책을 펼쳤고, 1970년대까지 높은 성장률을 기록한 브라질과
멕시코 같은 나라들은 1980년대 외환위기를 겪고 성장률이 떨어지면서 신
자유주의를 받아들이기 시작했다(강동훈, 2011: 136).

한국과 대만 등의 국가가 다른 국가들과는 달리 급속한 경제발전을 이룩
하자, 전 세계의 이목이 이들 나라에 집중되었다. 동아시아의 급속한 경제성
장 요인을 두고 다양한 발전 이론들이 각축을 벌였다.

자본주의 시장이 일정한 불안정성을 가지고 있고, 심지어 사회적 생활의
기반 자체를 위협한다는 주장이 있다. 다른 한편 막스 베버(Max Weber) 역시
관료제가 시장을 형성하고 성장을 추진할 수 있는 역량을 국가에 제공한다
는 중요한 명제를 제시했다. 이런 주장에 따라 많은 학자들은 후기 발전국가
의 경제발전에서 국가가 중요한 행위자라고 생각했다. 특히 알렉산더 거셴
크론(Alexander Gerschenkron)은 후기 발전이 항상 높은 수준의 국가 개입과
관련이 있었다는 역사적 사실을 설득력 있게 보여주었다.

이 주장의 학자들은 후발 국가들이 선진국을 따라잡기 위한 전략(catch up
strategy)을 추구했으며, 그 과정에서는 강력한 국가의 개입이 필요하다고 주
장했다.

네오마르크스주의 전통의 학자들 중 국가의 상대적 자율성 개념을 강조
하고 이를 신흥공업국에 적용한 사례가 많이 존재한다. 신흥공업국의 등장
이유에 대한 유력한 가설 중의 하나는 발전국가론이다. 발전국가론은 신고
전파 경제학의 전통에 기초한 자유시장주의자들의 주장에 대한 정면 반박
이기도 했다. 왜냐하면 정설 시장주의자들은 시장의 확대와 민간 부문의 역
할에 의해 경제발전이 이루어졌다고 주장했지만(Friedman, 1979: 79; Balassa
et al., 1982) 실제의 경험은 그렇지 않았기 때문이다. 동아시아 신흥공업국이

경제발전을 이룩하는 과정에서 국가는 오히려 민간기업이나 시장의 확대보다 더 중요한 역할을 했다.

1980년대 후반에 이르러 동아시아 경제의 산업적 전환을 이룩하는 과정에서 국가의 개입은 필수적이었다. 그래서 신고전파 경제학자들의 주장에는 오류가 있었음이 광범하게 인정되었다. 미국의 정치학자 차머스 존슨 (Chalmers Johnson)은 『통산성과 일본의 기적(MITI and the Japanese Miracle)』에서 일본의 정부 관료에 대한 제도적 분석을 통해 '자본주의 발전국가'의 개념을 발전시켰다. 존슨에 따르면 발전국가의 최고 목표는 성장, 생산성, 경쟁력을 기준으로 한 경제발전이다. 발전국가는 사유재산과 경쟁을 주창하는 동시에 엘리트 경제 관료를 통해서 지속적으로 시장을 지도(guide)한다. 또한 발전국가는 민간기업 부문을 자문과 조절을 위한 다양한 제도에 참여시키고, 이러한 정책 자문은 정책 형성과 집행 과정의 통합적인 부분이 된다. 존슨은 일본의 국가 관료는 지배(rule)하는 반면 정치인은 통치(reign)한다고 주장한다(김윤태, 2012: 47).

신흥공업국의 발전국가는 경제성장을 위해 노동자들을 동원하고 정치적 권리를 억압하는 등의 연성 권위주의 정치를 받아들이는 사례가 많다. 그리하여 존슨은 일본, 한국, 대만의 시장경제에서 국가가 개입주의적 역할을 하는 발전국가를 유지한다고 지적했다.

미국의 경제학자 앨리스 암스덴(Alice H. Amsden)은 『아시아의 다음 거인 (The Next Giant in Asia)』에서 한국경제의 특징을 네 가지로 정식화했다. 첫째, 경제성장에서 시장에 대한 국가의 개입이 중심적 역할을 했다. 둘째, 경제의 효율성을 보장하기 위해 정부는 민간기업에 의해 규율을 부여했다. 셋째, 대규모로 다각화된 기업집단의 산업 역량이 급속한 경제성장에서 견인차 구실을 했다. 넷째, 후발 산업국가에서의 기술적 습득을 위해 학습이 중요한 기능을 수행했다. 특히 한국의 국가는 기업가, 은행가, 산업구조의 설계사로서 중요한 역할을 했다. 한국은 국민경제 내에 상대적으로 낮은 해외 직접투자 비율을 가지고 있으며, 외국자본과 공공차관·상업차관을 효과적으로 통제했다. 경제 관료는 외국자본과 국내자본에 대한 금융통제를 통해서 국내 산업정책을 수립하고 추진하는 과정에서 중요한 역할을 했다. 그리하여 국가는 경제성장의 계획가 또는 상위 파트너의 역할을 맡고, 경제체계는 국가 주도 자본주의 또는 한국 자본주의로 불린다(김윤태, 2012: 48~49).

영국 경제학자 로버트 웨이드(Robert Wade)는 『Governing the Market』에서 발전국가의 개념과 전통적인 발전경제학을 기반으로 둔 통제시장이론을 제시했다. 웨이드에 따르면, 동아시아의 경제 성공은 정부의 광범위한 시장 개입에 따라 이루어졌다. 첫째, 정부는 우선적 산업 부문에 대한 차등적인 높은 투자와 자원 배분을 통해 실질적으로 시장을 통제했다. 둘째, 전략산업의 후원, 규율, 지도 등 광범위한 정부 행동이 급속한 경제성장에서 중요한 역할을 했다. 마지막으로 해외시장에서 국내 산업의 국제경쟁을 위한 정부의 적극적인 지원이 경제적 성공의 중요한 원인이 되었다. 이러한 정부 주도의 산업정책은 자유시장 혹은 가상적 자유시장 정책과 구별되며, 정부가 생산과 투자의 결과를 향상하기 위해서 자원을 배분하는 시장의 과정을 실질적으로 지도하고 통제한다(김윤태, 2012: 49).

하지만 1990년대 이후에는 국가의 경제 개입으로도 좋은 성과를 내지 못하고 있다는 점도 이해해야 한다. 그 대표적 본보기는 1990년대 이후 장기 침체를 겪고 있는 일본이다. 따라서 발전국가론은 단순히 국가 개입을 강조하는 것이 아니라 국가 개입의 성패를 좌우하는 요인이 무엇인지를 밝히는 데 집중한다. 이런 점에서 신자유주의와 마찬가지로 발전국가론은 국가 관료나 이익집단들에게 국가가 포획되어 국가 개입이 바람직한 성과를 내지 못할 수도 있다는 점을 인정한다. 결국 발전국가론은 국가 주도하에 국가와 시장이 함께 작용해야 시너지 효과를 낸다고 주장하는 셈이다. 이 주장을 명확히 하기 위해 발전국가론자인 피터 에반스(Peter Evans)가 제시한 약탈국가와 발전국가의 차이를 살펴보는 것이 유용할 것이다. 약탈국가는 국민복지와 국민경제의 성장을 저해하는 약탈 행위를 일삼고, 사회로부터 거대한 잉여를 추출하는데도 그것을 경제 혁신에 사용하지 않는 국가를 말한다. 반대로 발전국가는 혁신적 투자의 유인을 제공하고 투자의 위험을 낮춤으로써 민간자본이 장기적으로 기업가적 시각을 갖도록 유도하며, 사회적 잉여를 특정 이해집단이 아니라 전체 국민을 위해 사용해 높은 성장을 달성하는 국가다(강동훈, 2011: 138~139).

강동훈은 발전국가가 지니는 특징을 다음과 같다고 정리한다.

첫째, 발전국가의 국가기구는 미래에 대한 비전을 제공하는 기업가 정신이 있다. 예를 들면, 박정희 정권은 수출 주도 공업화나 중공업화와 같은 비전을 제시해서 민간기업들이 이를 따라 자신들의 능력을 집중시킬 수 있도록 초점을 제공했다는 것이다.

둘째, 발전국가는 자신이 제시한 기업가적 비전을 실행에 옮기는 새로운 제도 수립에 성공했다고 한다. 발전국가가 도입한 제도의 핵심으로 흔히 선별적 산업정책이 거론되는데 수출보조금 지급, 세제 감면, 관세 등을 이용한 국내시장 보호, 기업의 진입과 퇴출 금지, 재정 및 금융 지원 등 일련의 보호조치를 도입해 새로운 산업을 창출하고 육성하면서 경제발전을 촉진했다는 것이다(강동훈, 2011: 139~140).

3. 한국에서 발전국가의 성립과 발전

국가 중심적 이론가들은 동아시아 경제발전을 설명하기 위해 경제를 지도하고 통제하는 국가의 역할을 강조한다. 그들은 한국의 경제성장이 산업과 금융정책에 대한 국가의 적극적인 개입으로 이루어졌으며, 대기업은 매우 제한적인 자율성을 가진 하위 파트너라고 생각한다. 이러한 국가 중심적인 접근은 자주 다양한 형태로 자율적인 사회를 억압하는 극단적인 정치적 결정주의와 같이 국가의 역할을 강조한다. 하지만 사회 내부에는 다양한 조직들이 복잡하게 연결되어 있고, 국가의 역할과 역량도 이런 사회집단들에 의해 구성되고 제한된다. 사회구조 전반에 커다란 영향을 주었던 자본주의적 산업화 과정이 진행되는 동안에 생성된 국가 권력의 역사적 기원을 설명하기 위해서는 더 넓은 범위의 사회적·정치적 구조를 살펴보는 것이 필요하다(김윤태, 2012: 68).

이런 목적을 위해 김윤태는 첫째, 한국의 국가는 어떻게 다양한 사회집단 사이에 위계질서적 사회구조를 발전시켰는가, 둘째, 한국은 어떻게 급속한 경제발전을 추구하는 강력한 국가를 건설했는가, 셋째, 한국의 국가는 국가주도 산업화 과정에서 대기업에 어떤 영향을 주었는가 하는 세 가지 물음에 답변하고 있는데, 발전국가론에 대한 비판적 분석을 위해서는 면밀히 살펴볼 필요가 있다.

김윤태는 1945년 해방 이후 한국에서 국가가 형성되었다고 주장한다. 해방 후 미군정기에 한국의 토착 자본가들은 전투적인 노동조합과 공산당의 출현에 대항해 자신들의 이익을 대변하기 위해 미군정의 도움을 받아 조선상공회의소를 건설했다. 또한 해방 후 혼란기에 토착 자본가들이 좌익의 강화를 저지하기 위해 갖가지 노력을 기울였다. 1948년 5월 남한에서 단독선거가 실시되었으며, 그 결과 단독정부가 수립되었다. 이렇게 등장한 이승만 정권은 남한에서 국가권력을 강화하려는 일련의 정치적 행동(제주도 4.3 사건, 여수순천 사건, 국가보안법 제정, 반민특위의 해체 등)을 시도했다. 또한 경제를 관리하기 위해 국가의 역할을 강화했다. 먼저 일본인 소유의 기업을 국유화했다. 미군정은 국유화를 사회주의로 간주하고 일본인 기업을 몰수한 국유기업을 매각해 자본가 계급을 육성하려 했다. 그러나 이승만 정부는 운송과 통신, 전기와 전매청 등 공공사업의 독점 기관을 직접 통제했다. 이러한 국영기업은 당시 정부 재원의 대부분을 차지했다. 또 이승만 정권은 정당과 사회조직을 통해 자신의 정치적 토대를 마련하고 농촌의 정치적 동요를 막기 위해 농지개혁을 추진했다. 해방 이후 농지개혁은 가장 민감한 정치적 쟁점이었으며, 심각한 계급 갈등을 일으켰다. 정치적 차원에서 이승만 정권은 농지개혁을 통해 지주와 그들의 정치적 파트너인 한민당의 정치적 영향력을 효과적으로 축소했다. 해방 직후 농촌은 좌익의 강력한 활동 무대였지만, 한국전쟁 이후 농촌은 서서히 이승만과 자유당의 지지 기반으로 변했다. 1950년에 터진 한국전쟁은 한국의 국가조직과 사회를 재구성하는 가장 결정적인 요인이 되었다. 반란과 게릴라에 의해 극도로 약화되었던 이승만 정권은 한국전쟁이 끝나는 시기에 이르러 강력하고 권위주의적인 정권으로 변모했다. 한국의 군대는 전전 15만 명에서 전후 65만 명으로 증가했고, 경찰과 중앙부처의 관료를 포함한 행정조직도 전후에 눈에 띄게 확대되었다. 더욱이 국가는 실제로 일체의 정치 활동을 통제했으며, 어떤 종류의 노동조합이나 진보적인 사회운동도 엄격하게 금지했고, 심지어 저술이나 학술 활동도 심각하게 제한했다(김윤태, 2012: 78~79). 한국에서 국가가 처음 등장했지만 이승만 정권은 억압적인 기구에 의존해야 할 정도로 그 기반이 약한 정권이었다. 그 때문에 일부 학자들은 이승만 정권을 약탈국가로 묘사하곤 하는데, 구체적인 이유는 다음과 같다.

첫째, 이승만 정권은 일본인이 소유하던 적산과 미국 원조금의 분배 과정을 완전히 통제하고 경제정책의 모든 분야를 관리하는 경제조직의 관료화를 추진한다.

둘째, 이승만 정권은 이른바 삼백(三白)이라 불리는 방직, 제당, 제분 산업과 같은 소비재 산업을 수입대체산업으로 발전시켰다. 새롭게 등장한 기업

인들은 생산력 향상과 효율적인 경영보다는 주로 정부의 특혜나 원조를 통해 막대한 이익을 축적했다.

셋째, 이승만 정권은 소수의 선택받은 자본가들로 구성된 강력한 정치적 연결망을 형성했다. 정부는 신흥 산업 자본가들이 순종적일 경우에 한해서만 지원했다. 이들은 정치적 협조의 대가로 경제적 특혜를 얻기 위해서 분과주의적 정치 관계를 이용하는 '정치적 자본가(political capitalist)'들이었다.

이승만 정권은 사회 전반을 지배하는 독재 체제를 유지했으며, 부정부패와 지대 추구 활동은 정부 조직에 광범위하게 존재했다. 이로 인해 국가조직은 점점 불안정해졌고, 이것은 정부가 시장에 자의적으로 개입해 심각한 영향을 미치는 결과를 초래했다.

1960년에 발생한 4.19 학생봉기는 12년에 걸친 이승만 독재정권에 종지부를 찍고 억압되었던 시민사회를 부활시켰다(김윤태, 2012: 84). 하지만 이승만 정권이 무너진 뒤에 등장한 장면 정부는 너무나 취약했고, 뒤이어 박정희가 군사혁명위원회를 결성한 뒤 군사 쿠데타를 일으켰다.

박정희는 경제발전을 위한 계획이야말로 근대화를 위한 필수 요소라고 믿었으며, 중앙 통제에 대한 일종의 스탈린식 강박증에 빠졌다. 군사정부의 '조국 근대화'를 향한 신앙은 필사적이었다. 정치자금을 조달하기 위해 민간자본과 유착하고 의지했던 이승만 정권과는 달리, 박정희는 군사정권의 정당성을 인정받기 위해 경제기적을 이루어야 한다는 큰 부담감이 있었다(김윤태, 2012: 87).

박정희 정권 시기 국가와 대기업의 새로운 관계는 권위주의적 코퍼러티즘(corporatism)의 성격을 가진 한국 국가의 설립에 대단히 중요한 역할을 했다. 국가와 대기업의 유착은 수입대체산업화의 시기에 소비재 공업을 기반으로 발전했던 초기 재벌들에게 새로운 전환점을 제공했다. 1961년 8월 경제재건촉진회는 한국경제인협회로 다시 이름을 바꾸고 이병철을 초대 회장으로 선출했다. 결과적으로 1950년대의 이승만 정부 시기의 기업인들은 자신을 국가와 통합된 일부분으로 인식했던 반면, 1960년대 이후 대자본가들은 이해관계를 표현하고 정책을 만드는 데 비록 종속적인 관계이긴 하나 좀더 차별화된 하나의 사회조직으로서 자신의 기업을 인식하기 시작했다(김윤태, 2012: 88).

한국의 국가는 가장 강력한 이익집단을 위로부터 직접 조직했으며, 권위를 가진 대표기구로서 소수의 이익집단만 인정했다. 정부 부처 대부분은 다양한 이익집단에 대해 의사공식적 보호(quasi-official tutelage)의 역할을 수행했다. 공공기관의 체계와 자문기관의 네트워크에서, 정부 관료들은 조직화된 이익집단을 직접 지원한다. 정부 부처는 이익집단의 활동에 대한 관리뿐 아니라 이익집단의 이익까지 보호해야 했다. 많은 사회집단과 관련 부처 사이에는 후견주의(clientelism)의 특성이 항상 존재했다. 정부는 사회집단에 특권적 지위를 부여하는 방법으로 특혜를 교환했다(김윤태, 2012: 91).

박정희 정권 시기의 국가 성격은 이승만 정권의 국가와 매우 달랐다. 이승만 정권은 대기업과 하나로 통합되었으나 경제발전의 목표 대신 지배 추구 활동을 통해 특혜와 보상을 주고받는 관계를 형성했다. 이에 반대로 박정희 정권은 대기업과 외형상 분리되면서도 경제발전이라는 공통의 목표를 위해 긴밀하게 연결되었다. 박정희 정권은 1961년 이후 18년 동안 '조국 근대화'라는 표어를 내걸고 재벌과 함께 경제성장과 수출 증대, 중화학공업화를 강력히 추진했다. 여기서 중요한 점은 산업구조의 전환을 실질적으로 지휘했을 뿐 아니라 산업화 자체가 발생할 수 있도록 중요한 역할을 담당했던 것이 바로 국가라는 사실이다. 정부는 단순한 행정부의 역할뿐 아니라 기업가의 목표를 가지고 재벌과 긴밀하게 연결되어 경제조직과 사회 부문을 위로부터 동원했다. 이러한 국가 주도의 산업화 과정에는 몇 가지 중요한 특징이 있다.

첫째, 1962년 박정희 군사정부는 일본의 경제기구를 모방한 강력한 정부 조직인 경제기획원(Economic Planning Board)을 설립했다. 일본의 개입주의적 국가가 역사적으로 산업화 과정의 선도 세력이었던 것과 마찬가지로 경제 기획원은 한국의 경제개발계획을 주도하고 지원하는 데 중요한 역할을 담당했다.

둘째, 1960년대 초반 박정희 정권은 주요 재벌이 소유한 은행의 주식을 대거 사들이고 실질적으로 시중은행을 국유화했다. 외국 원조금이 줄고 복합환율체제가 폐지됨에 따라, 1960년대 초까지 두 가지 지대 추구의 전통적인 바탕인 특혜적 외환과 수입허가가 국내 신용과 해외 신용으로 대체되었다. 외국에서 들여오는 대부분의 상업차관에 대해 국제금융기구와 해외 은행들은 한국 정부의 지불 보증을 요구했다. 결과적으로 정부는 국내기업에 대한 금융자원의 분배를 통제할 수 있는 막강한 권력을 소유할 수 있었다. 이처럼 정부는 무역과 투자 정책의 집행 과정에서 은행 신용과 외자를 분배하는 데 결정적인 역할을 했다. 중앙은행인 한국은행은 재무부의 엄격한 통제를 받았으며 정부의 경제통제체제에서 핵심적인 도구가 되었다. 정부는 금리, 환율, 외환 보유액 등을 엄격하게 규제했으며 모든 은행과 금융기관들의 수신과 여신 활동을 감독했다. 비유하자면 대기업들로 구성된 한국 주식회사(Korea. Ins.)의 대표이사는 사실상 가장 막강한 권력을 가진 정부였다(김윤태, 2012: 97).

정부의 또 다른 적극적인 규제 수단은 정부 소유의 공기업이었다. 이들은 철강, 비철금속, 정유, 화학 생산 부문에서 독점적으로 산업 생산을 담당했다. 개별적 국영기업들은 각 부문에서 가장 규모가 큰 기업이었으며, 국가는 실제로 기업가적 역할을 수행했다. 한국의 기업가적 국가(entrepreneurial state)는 대만이나 브라질의 국가보다는 비교적 작은 역할을 했다. 그러나 국영기업이 국내총생산에서 차지하는 부가가치는 1963년 6.7%에서 1970년 9.2%

로 증가했다. 이는 사회주의적 방향이 공표된 인도나 파키스탄의 경우보다 높은 수치였다.

박정희가 중화학공업화라는 주요한 경제적 실험을 시작한 전환점은 경제적 민족주의가 정점에 이르렀을 때이다. 1973년 5월 박정희 대통령은 국무총리를 위원장으로 한 중화학공업추진위원회를 구성했고, 그 산하의 중화학 기획단장에 청와대 경제수석 오원철을 내세웠다. 이 기구는 형식상으로는 국무총리 산하에 있었으나 실질적으로는 대통령 직속으로 운영되었다. 1973년 12월에 한국경제의 장기 전략을 수립한 후 중화학공업화 사업을 통해 산업의 구조적 심화를 신속하게 실행했다. 박정희가 이렇게 한 이유는 닉슨 독트린과 남베트남의 몰락에 대한 우려로 방위산업을 긴급히 개발할 필요가 있었다는 점이었다.

중화학공업화 계획에 따른 새로운 투자 프로젝트를 추진하기 위해서 정부가 주도하는 산업 목표 접근법을 통해 선택된 소수 대기업이 동원되었다. 세부적 정책 제안은 종종 정부 관료에 의해 독자적으로 만들어졌으며, 이 같은 정책은 종종 계획에 참여하는 대기업들의 불만을 사기도 했다(김윤태, 2012: 100). 대부분의 재벌들은 중화학공업화 프로그램이 너무 위험하며 비용이 많이 든다고 생각했기 때문에 계획에 참여하기를 꺼렸다. 이에 대해 정부는 대기업들에게 다양한 인센티브와 규제 정책을 실시했다. 또 정부는 특수은행을 설립하여 중화학공업 부문을 위한 '정책 금융'을 할당했다. 이러한 중화학공업화 과정에서 대기업에 대한 특혜금융과 지원금은 국가와 대기업 사이의 긴밀한 관계를 형성하는 가장 중요한 요소가 되었다(김윤태, 2012: 100).

국가는 계속해서 금융자원의 분배를 강력하게 통제했지만, 경제력은 더욱 소수의 재벌 수중에 집중되었다. 이런 결과는 역설적이었다. 국가가 경제 발전을 위해 재벌을 지원할수록 국가의 자율성 자체를 제한하는 결과를 빚었다. 박정희 정부는 경제발전의 목표를 이루기 위해서 점점 더 재벌에 의존했고, 이것은 또한 정권의 정당성을 위한 정치적 토대를 제공했다. 마침내 재벌들은 정부가 긴급금융조치를 시행하지 않으면 법인세를 거부할 수밖에 없다고 위협함으로써 그들의 힘을 과시했다. 1971년 6월 김용완 전경련(전국경제인연합회) 회장은 박정희와의 긴급 면담을 요구했다. 그는 대기업들이 경제적으로 실패하고 있으며 은행과 사채시장으로부터 받은 지나친 단기 고금리의 융자로 파산할 위험에 직면해 있다고 호소했다. 이에 정부는 1972년 8월 3일 소위 8.3 조치라 불리는 사채동결 조치를 내려 재벌의 금융 부담을 줄여주었다.

소수 재벌이 박정희 정권의 야심적인 경제 계획의 가장 중요한 협력자가 되면서 재벌과 국가는 더욱 밀접하게 연결되었다. 권위주의적 국가와 거대 재벌의 상호 지원은 급속한 경제성장 과정을 통해 지속적으로 유지될 수 있었다. 어떤 경우든 국가는 자본가계급으로부터 완벽하게 독립적일 수 없었다. 분명하게 국가는 자본가적 동기가 있었으며, 이는 반드시 거대 재벌의 이익을 지원했다. 박정희 정권은 항상 대기업의 성장이 한국의 국력에 공헌한다고 생각했다. 국가의 통제를 받는 금융자원은 정치자금의 대가로 민간 기업과 후견인 관계를 유지하기 위해 불균등하게 분배되었고, 정부의 선택을 받은 소수의 재벌은 엄청난 특혜를 받았다. 어떤 경우에도 국가와 거대 재벌은 이른바 정경유착을 지속적으로 견고하게 유지했다. 그러나 시간이 지날수록 이러한 정경유착은 결국 권위주의적 발전주의의 정당성을 약화시키는 역할을 하게 되었다(김윤태, 2012: 104).

4. 한국 발전국가론에 대한 비판적 평가

발전국가론을 주장하는 사람들은 한국을 포함한 동아시아 국가들의 경제가 급속히 성장하기 시작한 1960년대 이후에 자율적이면서도 유능한 국가 관료 체제가 형성되었다고 주장한다. 그 대표적 인물이 바로 장하준이다. 그는 "한국이 수준 높은 관료 조직을 보유하게 된 것은 1960년대와 1970년대에 걸쳐 광범위한 공무원 제도 개혁을 끝마친 이후였다"라고 말한다(장하준, 2006: 234). 하지만 국가의 자율성을 기술행정적 측면으로 설명하는 것은 설득력이 떨어지는데, 왜냐하면 계급적이고 사회적인 조건 자체의 변화에 따라 국가의 개입 양식 자체가 새롭게 변화하기 때문이다. 예를 들어 동아시아에서 국가의 자율성은 계급적·사회적 조건을 배경으로 가능했던 국가 행위상의 특징이라고 할 수 있다. 이를 국가의 본질적 특징으로, 동아시아 성장의 비법처럼 제시하는 것은 본말을 전도한 것이라고 볼 수 있다.

다른 한편 수출 주도 공업화의 영향을 지적하는 주장이 많다. 다른 나라들과는 달리 동아시아 신흥공업국들은 수출 주도 공업화를 추진함으로써 대성공을 거두었다고 주장하기 때문이다. 하지만 이런 주장은 아전인수격 해석이다. 왜냐하면 발전국가론자들은 선별적 산업정책을 강조하지만 반드시 그것이 수출 주도 공업화여야 한다고 주장하지는 않는다. 핵심은 국가가 계획을 세우고 계획을 합리적으로 추진해 경제적 성과를 내면 된다는 것이다. 따라서 수출 주도 공업화 전략이 발전국가론의 전제 조건은 결코 아니다.

오히려 특화된 전략을 갖고 세계의 자유무역지대에서 나름의 영역을 찾기 시작하고 또 1950년대 말부터 선진국에서 추진된 생산 및 무역상의 변화에 잘 대응했기 때문이라고 보는 것이 올바를 것이다. 또한 한국과 대만 같은 국가들이 수출 주도 정책으로 성공한 데에는 동아시아에서 미국의 주요 동맹국이라는 지위가 결정적인 구실을 했다. 미국의 후한 조처 덕분에 한국과 대만은 세계 최대 시장에 용이하게 진출하고 수출을 급격히 늘릴 수 있었기 때문이다.

정리하자면, 발전국가론은 국가의 자율성과 능력을 경제성장의 최우선 요인으로 여긴다. 또 국가중심적 접근법에 따라 국가 관료기구의 능력을 중시하면서 발전국가의 대표적 사례로 한국과 대만을 꼽는다.

그러나 국가기구의 능력이나 경제성장의 조건은 세계경제의 상황, 그 사회가 처한 계급투쟁 상황, 국가 관료와 대지주, 자본가와의 관계 등 역사적으로 형성된 정치사회적 조건 등에 크게 달려 있다. 한국 기업주들이 저임금 장시간 노동으로 노동자들을 쥐어짤 수 있었던 것은 5.16 쿠데타로 집권한 박정희 정권이 노동자와 민중운동과 민주화 운동을 폭력으로 탄압했기에 가능했다. 따라서 윤상우가 "발전국가론이 안고 있는 상당수의 문제점은 국가 관료기구의 역할과 국가의 선도성을 과도하게 강조하는 또 다른 역편향에서 기인"(윤상우, 2006: 67)하는 것이라고 비판하는 것은 타당하다. 국가기구의 구실과 국가의 선도성을 그저 다른 여러 사회 조건들 중의 하나로만 본다면, 발전국가론 자체가 허물어져 버리기 때문이다. 아무리 능력 있는 국가 관료라도 국내의 산업 기반, 계급 세력 관계 등 정치경제적 조건의 제약을 받을 수밖에 없고, 세계경제 상황이나 국가 간의 관계를 통제할 수 없는 것이 분명하다면, 국가 관료의 비전이나 능력으로 저개발국이든 공업국이든 할 것 없이 고도성장을 이끌어내고 복지를 향상시킬 수 있다는 주장은 힘을 잃게 된다(강동훈, 2011: 170~171).

다른 한편, 발전국가에서 국가의 역할이 결국 자본의 이익을 위한 것이라면 결국 기능주의적 국가관에 머물러 있다는 비판도 피하기 힘들 것으로 보인다. 이것은 앞서 지적한 국가에 대한 일면적 해석이기 때문이다. 하지만 국가와 자본은 구조적 상호의존 관계를 형성하고 있다는 점을 지적할 필요가 있다. 국가가 전체 자본의 이익을 위해 FTA를 추진하고 노동자 계급을 통제하며 임금 체계를 노동자들에게 불리하게 개악하는 등의 정책을 펼치면, 자본은 자신의 이익을 위해 헌신하는 국가를 위해 잉여가치의 일부를 세금으로 납부한다. 한국 사회에서도 국가와 자본은 구조적 상호의존 관계를 형성하고 있다고 말할 수 있다. 따라서 국가의 다양한 정책과 이런 정책에 대한 자본가 집단의 대응은 국가와 자본의 구조적 상호의존 관계라는 맥락에서 잘 이해할 수 있다.

참고문헌

강동훈. 2011. 「발전국가론과 한국의 산업화」. ≪마르크스21≫, 제11호. 책갈피.

김윤태. 2012. 『한국의 재벌과 발전국가』. 한울.

마르크스·엥겔스(Karl Marx, Friedrich Engels). 2003. 『공산당 선언』. 이진우 옮김. 책세상.

알렉스 캘리니코스(Alex Callinicos). 2011. 『제국주의와 국제 정치경제』. 천경록 옮김. 책
   갈피.

윤상우. 2005. 『동아시아 발전의 사회학』. 나남.

장하준. 2006. 『국가의 역할』. 부키.

하먼, 크리스(Chris Harman). 1994. 「국가와 오늘의 자본주의」. 『오늘의 세계경제: 위기
   와 전망』. 이원영 편역. 갈무리.

E. M. Wood. 2002. "Global Capital, National States." Mark Rupert and Hazel
   Smith(eds.). *Historical Materialism and Globalization*. Routledge.

Teschke, Benno. 2003. *The Myth of 1648*. Verso.

제3장

한국의 금융역할 심화와 부채 주도 성장 및 소득불평등[*]

김의동 | 경상대학교 경영대학 국제통상학과 교수

1. 서론

1980년대 후반 이후 '경제 금융화(financialization of economy)'와 '금융의 세계화(globalization of finance)'를 연구하는 연구자들은 금융역할의 심화(이하 금융심화로 요약함)를 논증해왔다. 이 중 금융역할의 심화에 따른 부정적 영향에 주목하는 논자들은 부정적 영향의 대표적 유형으로 경제주체의 부채 확산과 소득불균등의 심화 및 저성장 추세를 우려해왔다.

실제로 미국발 세계금융위기와 유럽 재정위기를 겪으면서 세계경제는 경제 금융화와 부채 주도 경제성장, 소득불균등 심화, 저성장 등으로 큰 어려움에 처해 있으며 높은 불안정성에 시달리고 있다. 이는 주요국의 소득불평

* 이 논문은 2010년도 한국연구재단의 지원(NRF 2010-413-B00027)에 의하여 연구되었으며, ≪국제지역연구≫ 제18권 제1호(2014.3, 355~380쪽)에 실린 글을 수정·보완한 것이다.

등 심화를 주제로 한 프랑스 경제학자 피케티의『21세기 자본(Capital in the Twenty-First Century)』이 세계적 신드롬을 일으킨 것과 무관하지 않다.

한국에서도 외환위기 이후 금융 부문의 규모와 금융상품의 다양성이 커지면서 금융심화가 두드러진 현상이 되었다. 외환위기 이후에는 국내 금융권에 대한 초국적 금융자본의 영향력이 커지고 개방화 및 자유화를 중심으로 한 신자유주의적 금융 정책이 집행되면서 자본 활동이 국가 통제로부터 자율화되고 금융의 활동 영역도 크게 확대되었다. 정부도 외환위기 이후 새로운 성장 동력으로 금융 산업 육성을 강조하면서 금융허브 구축을 표방하는 등 소위 '정책적 금융화'에 몰두해왔다.

특히 외환위기 수습 과정에서 형성된 벤처 열풍으로 주식과 채권시장이 크게 성장하는 한편 이런 자본시장 성장이 가계의 재테크 활성화와 연계되면서 금융심화가 국민들의 일상적 삶에 크게 영향을 미치게 되었다. 장진호(2008)는 금융심화가 일상생활에 넓게 확산되면서 소위 '부자 되기 신드롬'이 사회전체에 확산되고 저축보다는 부동산, 펀드 등 자산투자에 몰두하도록 했다고 주장한다.[1]

그 과정에서 가계, 기업, 정부의 부채 증가 현상도 동반되었다. 이미 우려 수준에 접근한 가계부채 문제는 말할 것도 없고 IMF의 건전 재정 기준에 입각한 정부부채도 임계점에 다다르고 있다는 진단까지 이루어지고 있는 실정이다. 말하자면 한국 사회에서 금융심화가 이루어져 왔던 기간에 경제주

---

1) 장진호(2008)에 의하면 로버트 기요사키(Robert Kiyosaki)의 저서『부자아빠 가난한 아빠』가 번역 출간된 2000년을 기점으로 부자 되는 법에 대한 책과 기사가 쏟아져 나오기 시작했다고 한다. 이 추세가 2008년 미국 서브프라임 금융위기 때까지 지속되었다는 것이다. 이런 부자 되기 열풍이 언론의 부추김과 함께(자세한 것은 제윤경·이헌욱, 2012: 121~142 참조) 한국에서도 부자가 바람직한 가장의 모델로서 일상 속에 뿌리내리게 만들었으며, 바람직한 도덕적 목표로 등장하면서 하나의 사회적 증후(syndrome)를 반영하게 되었다고 주장한다.

체의 부채 누적이라는 부정적 귀결이 나타나고 있어 이에 대한 사실 여부를 확인해볼 필요가 있는 것이다.

또한 한국에서 금융 부문 비중이 크게 높아졌던 2000년대 기간에 소득불평등의 지표들도 모두 악화되는 모습을 보이는지를 살펴볼 필요가 있을 것이다. 왜냐하면 이 문제도 노동소득분배율 악화와 함께 경제 금융화의 부정적 결과로 지목되어온 대표적 측면이기 때문이다. 2010년대 이후에 금융심화에 따른 가계부채 급증과 소득불균등 심화가 한국의 경제성장을 억제하는 최대의 요인이 될 수 있다는 우려가 확산되고 있음을 감안할 때 이들 요인이 한국의 금융심화와 갖는 상호 관계를 정리하는 것은 중요한 연구과제로 등장한다.

따라서 이 글에서는 세계경제 차원에서 그랬던 것처럼 외환위기 이후 한국에서도 금융심화가 지속되었는지 여부를 통계자료 검토와 기존 문헌 연구를 통해 우선 진단할 것이다. 이를 통해 이 기간에 부채경제가 확산되었는지, 소득불평등이 심화되었는지, 또 이로 인한 저성장 기제가 지속되었는지 통계지표 추이와 문헌 연구를 통해 검토해보려 한다.

이를 위해 제2절에서는 금융심화와 부채 증대 및 소득불균등을 다루는 기존 국내외 연구를 살펴보는 한편 한국의 금융심화 추이와 그 특징을 금융연관비율 등을 통해 살펴볼 것이다. 제3절에서는 금융심화와 소득불균등의 문제의 연결 관계를 몇 가지 소득분배 관련 지표를 통해 살펴볼 것이다. 제4절에서는 한국의 금융비중 심화로 부채경제가 확산되었는지를 각 경제주체별 부채 변동 추이를 통해 살펴볼 것이다. 제5절에서는 앞서 살펴본 내용을 요약하고 그 함의를 정리하려 한다.

다만 금융심화와 부채 주도 성장 및 소득불평등 간의 직접적인 인과관계 검증 방식이 아니라 정치경제학적 측면에서 통계 추세 및 문헌 자료를 통한 간접적 상관관계 추이를 살펴보고 있다는 점에서 이 글에는 일정한 한계가 있다.

2. 선행연구 검토 및 한국의 금융심화

1) 선행연구 검토

경제에서의 금융심화란 자본 및 금융시장의 규모와 비중, 다양성이 크게 증가하여 이 부문이 거시경제 순환의 중심 역할을 차지하는 축적체제상의 변화를 말한다. 조복현(2007), 엡스타인과 자야데브(Epstein and Jayadev, 2005) 등에 의하면 금융 주도적 축적체제의 성격이 강화되면서 자본시장이 발전하고 금융의 자율성이 커지면서 단순히 산업자본을 보완하는 역할에서 금융자본 스스로의 이윤 추구 메커니즘이 강화되는 것을 의미한다.

한국에서 금융심화에 대한 관심이 높아진 것은 2000년대 초반 이후부터라 할 수 있다. 금융심화는 외환위기 이후 축적체제 변화를 규명하려는 노력의 일환으로 주로 정치경제학적 접근 방법을 활용하는 논자들의 중요한 이슈로 다루어져왔다. 관련된 국내의 연구로는 서익진(2004), 장진호(2008), 전창환(2001), 조복현(2007), 조영철(2004), 유철규(2008), 김의동(2012) 등 다수가 존재한다.

이들 연구는 주로 금융심화 및 금융 주도 축적체제의 발생 동인, 그 내용, 작동 원리, 개괄적 영향 등에 대한 논의, 그리고 한국이 실제로 금융 주도적 축적체제로 정착되었는지 여부에 초점을 맞추는 데 관심을 집중하고 있다. 하지만 이들 연구에서는 한국에서의 금융심화가 소득불균등 심화, 부채경제 확산, 성장 정체 등을 유발했는지에 대해서는 아직 제대로 연구가 이루어지지 않고 있는 것으로 보인다.

금융심화와 소득불균등을 직접 관련시킨 김종성(Kim, 2011)의 연구가 있다. 그는 소득원을 6개로 나누어 지니계수에 미치는 영향을 조사했다. 추정 결과에 따르면 임금, 금융소득 순으로 지니계수에 양의 영향을 미쳤으며 나머지 부동산소득, 사회보험, 이전소득, 여타 소득의 경우 음의 영향을 미친 것으로 나타났다.

김영태·박진호(2013), 강두용·이상호(2013)는 금융심화에 직접 연계시키지는 않지만 가계부채와 소득불균등 문제가 심각해지는 요인 분석을 시도하고 있다. 그중에서도 가계와 기업 간 소득 격차에 주목하면서 이 요인 때문에 가계부채 문제, 내수 부진, 체감성장 부진 등이 발생하는 것으로 해석하고 있다.

국제노동기구(ILO: International Labor Organization)의 연구(2013)는 금융심화가 노동 분배 몫 하락의 약 46%를 설명하는 것으로 추정했으며, 가장 설명력이 높은 요인으로 지목하고 있다. 또 스톡해머(Stockhammer, 2010: 21)도 신자유주의 세계화, 금융심화 및 소득불평등 강화가 밀접하게 서로 얽히면서 미국 금융위기를 촉발했음을 살펴보고 있다.

이와 관련해 정성진(2008), 홍장표(2010), 라파비차스(Lapavitsas, 2009) 등은 금융심화를 계기로 금융의 이윤 획득 기반이 실물 기업의 투자로부터 임금소득과 가계의 소비지출로 전환되었다고 말하며, 금융자본이 노동력 재생산 과정에 개입하여 이윤을 직접 추출하는 새로운 축적 패턴에 주목한다. 이들은 은행의 주된 영업 영역이 산업자본 대출이 아니라 스스로 고위험-고수익을 추구하는 자기 금융화와 소비자금융으로 이동했기 때문이라고 지적한다.

또, 은행은 자신들의 이윤 중 많은 부분을 점차 산업자본의 잉여가치가 아니라 스스로의 투자 수익과 노동자의 임금에서 수취하게 되었다고 주장한다. 이들은 축적의 불안정성과 금융의 약탈성에서 금융 주도 축적체제의 특성을 도출하고 있는 셈이다. 제윤경·이헌욱(2012)도 금융의 약탈성을 강조하면서 이 약탈성으로 인해 금융심화가 소득분배를 악화시킬 여지가 높다는 사실을 주장하고 있다.

크로티(Crotty, 2002), 펠리(Palley, 2007), 오르한가지(Orhangazi, 2009) 등은 실물경제 내부 요인보다는 금융심화로 인해 저성장이 심화될 수 있다고 보고 있다. 이들은 금융심화가 이루어질수록 공급 측면에서 주주가치 극대화가 재투자에 사용될 사내유보이윤을 감소시켜 공급 능력 확충을 억제하고, 수요 측면에서는 작업장 다운사이징(downsizing)으로 임금 상승을 저지시켜 소비수요를 억제한다고 주장한다.

하인과 트릭(Hein and Treeck, 2008), 크리겔(Kregel, 2008), 시나몬과 파자리(Cynamon and Fazzari, 2009) 등은 금융 주도 성장체제는 취약한 금융구조에 의존한다는 점에서 불안정하며 특히 호황 국면에서의 부채팽창을 불안정성의 핵심으로 파악한다. 이들은 주로 민스키(H. P. Minsky)의 '금융불안정 가설(financial instability hypothesis)'에 의존하고 있다(김의동, 2014에서 재인용).

세체티·모한티·잠폴리(Cecchetti, Mohanty and Zampolli, 2011)는 모든 주요 선진국에서 대체로 경제주체의 부채가 크게 증가한 기간이 금융역할 심화 기간과 맞물린다는 것을 잘 보여준다. 이는 1980년대 이후 18개 OECD 주요국의 매크로레버리지(macro leverage)가 상승하는 추세에서 극명하게 드러난다. 아지몬티·프란시스코·콰드리니(Azzimonti, Francisco, and Quadrini, 2012)도 과거 30년간(1980년대 이후~현재) 경제의 금융화가 진행되면서 대다수 선진국들에서 소득불평등과 공적부채 증가가 심화되는 현상이 나타났음을 보여준다(김의동, 2014에서 재인용).

이들 논의에서 공통적으로 발견할 수 있는 것은 금융심화 현상이 축적체제에 다양한 부정적 영향을 미칠 수 있음을 지적하고 있다는 것이다. 따라서 이 글에서는 이들 연구에서 지적되고 있는 것처럼 한국에서도 금융심화 추세와 그에 따른 부정적 결과들이 나타났는지에 초점을 맞추려 한다. 한국 금융심화의 영향에 대한 기존 연구에서 본격적으로 이들 문제를 다루고 있지 않다는 점을 생각할 때 이 글의 의의가 있다.

2) 외환위기 이후 한국 축적체제 변화와 금융심화

한국경제는 1997년 외환위기를 분기점으로 커다란 구조 변화를 겪었다. 기업, 금융, 노동, 공공 등 4대 부문이 글로벌 경쟁과 전면적 개방에 노출되는 구조 개편이 이루어졌다. 이 중에서 금융 부문 구조 변화의 핵심은 그 전까지 국가 주도적이었던 금융 산업에 급격한 자유화와 개방 정책이 도입되었다는 점이다.

또한 주식시장을 키우기 위한 빅뱅식 개혁이 단행되고 은행 부문도 구조조정을 거쳐 부실채권을 정리하고 BIS 자기자본비율을 준수하는 수익성 추구 경영으로 급선회했다. 특징적 변화는 구조조정 과정에서 외국자본 유입이 크게 증가하면서 외국자본의 영향력이 커지게 되었다는 점이다.

이런 구조 변화는 외환위기 이후 한국경제에 큰 궤도 수정을 초래했다. 한국경제가 IMF의 주도하에 그 이전의 국가 주도 성장전략으로부터 앵글로색슨 방식의 시장 주도적 발전 전략, 즉 신자유주의적 금융심화 전략을 대거 수용하게 된 것이다. 금융자유화와 개방화정책을 골간으로 하고 환율 상승을 축으로 한 수출드라이브 강화, 부동산 붐 조성과 신용카드 규제 완화[2]를 통한 소비 진작 등을 정책 기조로 삼아 경기 침체를 극복한 김대중 정부 시

---

[2] 한국은 1987년 '신용카드업법'을 만들어 신용카드 제도의 기틀을 마련했지만, 신용카드 사용이 활성화된 것은 그로부터 10년 정도가 지나고 난 뒤였다. 정부는 1998년 외환위기 와중에 '신용카드업법'을 폐지하고 '여신전문금융업법'을 제정하여 본격적인 신용카드 사용 활성화를 도모했다.

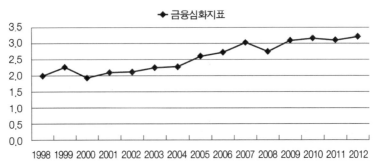

〈그림 3-1〉 국내 금융심화지표 추이

자료: 한국은행, ECOS.
주: 금융심화지표 = (은행총여신+비은행총여신+상장주식시가총액+상장채권총액)/GDP.

절을 보면 잘 나타나고 있다.

2003년 카드대란 사태에 시달리기도 했지만 지금까지 2개의 정책 축, 즉 수출 주도형 산업정책과 금융자유화 및 개방 정책을 지속적으로 추진해왔으며 이런 정책 지향이 한미 FTA를 비롯한 여러 국가와의 FTA 추진과 금융허브 구축 전략으로 대변되어왔음을 부인할 수 없을 것이다.

(1) 한국의 금융비중 증대와 특징

한국의 금융자유화는 1987년 이후 4단계에 걸친 금융자유화 정책의 영향을 받으면서 시작되었으며 본격적인 금융자유화는 외환위기 이후 가속화되었다.[3] 다보스포럼(Davos Forum)의 금융발전지수와 <그림 3-1>의 금융심

---

3) 1980년대 초 이래로 진행되어온 금융자유화(또는 금융자율화)는 20년여의 관치금융을 청산하고, 대내적으로 시장기능을 억제하는 각종 규제를 철폐하거나 대외적으로 국경 간 자본 이동 및 외환거래를 개방하는 것을 의미한다. 주요 내용으로는 금리 및 각종 수수료 자율화, 금융의 겸업화, 금융의 정보화, 금융의 증권화, 금융의 글로벌화 등을 들 수 있을 것이다. 외환위기 이후 새로운 경제성장 동력을 찾는 과정에서 새롭게 금융 산업이 부각되었다. 2000년대 초반부터 동아시아 금융허브를 국내에 육성하거나 한국을

〈표 3-1〉 금융자산 및 금융연관비율 추이(단위: 조원, 배)

	1997년	2003년	2005년	2006년	2007년	2009년	2012년
총금융 자산	2791.06	5,206.7	6,199.0	6,933.7	8,014.1	9,490.1	11,618.0
금융연관 비율	5.51	6.79	7.16	7.63	8.22	8.91	9.13

자료: 한국은행, ECOS에서 계산함.
주: 1997년의 경우 1968년 SNA 기준, 나머지 연도는 1993년 SNA 기준.

화지표 추이, <표 3-1>의 금융연관비율 추이 등에서 이런 변화는 명확하게 드러난다.

다보스 포럼으로 알려진 세계경제포럼(World Economic Forum)은 2008년부터 매년 『금융발전보고서(Financial Development Report)』를 발간하고, 금융발전지수(financial development index)[4]를 발표하고 있다. 2012년 기준으로 한국 금융발전지수는 세계 15위이며 전년 대비 3계단 상승한 것으로 나타나고 있다(김주환, 2013).

금융발전의 정도를 표시하기 위한 또 다른 지표로 금융연관비율(financial interrelation ratio)[5]이 있는데, 이는 금융자산총액과 실물자산총액의 비율로

금융 중심지로 도약시키기 위한 노력이 구체화되기 시작했고 금융기관의 통합과 대형화를 통해 세계적인 경쟁력을 지닌 금융기관을 육성하고자 하는 정책도 추진되었다. 2007년에는 '자본시장법'이 공포되어 영미식의 금융시장 규율이 본격적으로 도입되기 시작했고, 2011년에는 헤지펀드 도입, 한국형 투자은행(IB)을 표방하는 금융투자회사의 설립이 추진되는 단계에 이르렀다.

4) 세계경제포럼(WEF)은 2008년부터 매년 『금융발전보고서』를 작성해 발표하는데, 여기서 금융발전을 '효과적인 금융중개와 금융시장의 기반이 되는 제도·정책·요소들'과 '자본 및 금융서비스에 대한 폭넓은 접근성'으로 정의하고 이를 '7개 핵심지표 → 24개 세부지표 → 121개 세부항목'으로 나누어 점수화해 '금융발전지수'를 산출하고 있다 (WEF, 2012 참조).

5) 일정 시점에서 한 나라의 금융자산총액을 국부총액(유형자산 + 순대외자산)으로 나눈 것이다. 금융연관비율은 ① 저축주체와 투자주체가 분리될수록, ② 기업투자재원의 외

〈그림 3-2〉[상장주식 시가총액/GDP]과 [상장주식 거래대금/GDP]의 비중 추이

자료: 한국은행, ECOS.

서 경제가 선진화되어 저축과 투자의 주체가 분리될수록, 금융의 우회도(迂
廻度)가 높을수록 높은 수치를 보이게 된다. 다만 실물자산총액에 대한 자료
가 없어 일반적으로〔금융자산총액/GDP〕의 비율로 대신하고 있다. 한국의
경우도 <표 3-1>에서 보는 것처럼 외환위기 이후 지속적으로 증가하여
2012년 기준으로 외환위기 이전과 비교해 약 2배 수준에 이르고 있음을 볼
수 있다.

  이는 한국의 금융시장이 질적인 측면에서도 성숙했음을 보여주는 증거라
할 수 있다. 한국의 소득대비 금융자산, 즉 금융연관비율이 커진 것은 금융
자산의 구성도 현금과 예금에 대한 의존도가 감소하는 대신에 채권, 주식,
연금 등 자본시장의 비중이 높아지는 방향으로 그 구조가 선진화되어왔다
고 할 수 있다.

  마지막으로 금융심화지표(financial deepening index)는 은행, 주식시장, 채
권시장의 크기를 GDP와 비교하여 구한 값으로 많은 연구들에서 금융발전
을 가늠하는 지표로 사용된다(노영진, 2011: 3을 보완함). 지표 추이를 보면 외

────────────

  부자금의존도가 높을수록, ③ 금융의 우회화(迂回化) 정도가 높아져서 금융기관 사이에
  이중 삼중의 증권이 발행될수록 높아지게 된다.

환위기 이후 한 단계 높아지는 모습을 보이다 2008년 세계금융위기 때 잠시 하락세를 보였지만 그 이후 한 단계 다시 높아지는 모습을 보여주고 있다. <그림 3-2>에서 보듯이 〔시가총액/GDP〕, 〔거래대금/GDP〕 비중이 외환위기 이후 눈에 띄게 높아져 증권시장도 그 규모가 크게 증가했음을 알 수 있다.

이처럼 각종 지표들을 통해 살펴본 바대로 한국 금융시장과 자본시장은 외환위기 이후 역할과 규모 면에서 뚜렷한 증가세를 보였으며 질적으로 향상되어왔음을 확인할 수 있다. 그 결과 은행 부문과 증권시장 부문으로 나누어 타 국가와 비교해보더라도 한국 금융 부문의 양적 규모가 작지는 않다.

세계은행(World Bank) 통계에 따르면, 2009년을 기준으로 한국의 예금은행을 통한 민간신용 규모가 GDP 대비 116%에 달해 세계 평균치인 63.1% 보다 훨씬 높고 고소득국가의 평균치인 119%와 비슷하다. 주식시가총액의 경우는 GDP 대비 139%여서 세계 평균 107%보다는 높고 고소득국가 평균 147%보다 다소 낮은 정도에 머물고 있다. GDP 대비 민간 채권시장 규모는 GDP 대비 69%로 세계 평균 46%, 고소득국가 평균 63%보다 높게 나타난다(이창선·김건우, 2011: 12).

그렇다면 외환위기 이후 한국경제는 금융 주도적 성장을 해온 것일까? 이에 관한 논쟁이 2000년대 이후 미국을 비롯한 선진국 금융심화 연구와 한국경제 축적구조 변화와 관련된 연구에서 주요 쟁점으로 부각되기도 했다.

조복현(2007)은 외환위기 이후 〔금융법인 영업잉여/비금융 부문 영업잉여〕 비율 추세가 증가한 것에서 한국 금융 부문이 한국의 축적체제를 주도해왔다고 단정하고 있다. 하지만 이는 다소 무리한 단정으로 보인다. 왜냐하면 <그림 3-3>에서 보듯이 외환위기 직전에 18% 수준을 보이다가 유동성이 크게 증대하고 세계경제가 호황을 보이던 2007년까지 20%를 상회하는 모습을 보였지만, 2008년 세계금융위기 이후 다시 외환위기 직전 수준에 접

〈그림 3-3〉 [금융법인 영업잉여/비금융법인 영업잉여] 비율 추이

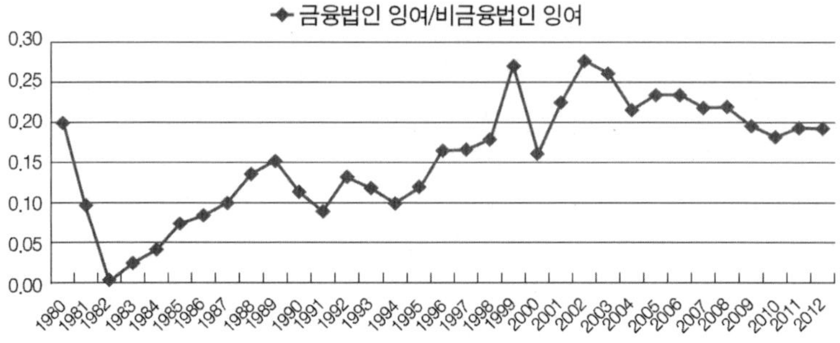

자료: 한국은행, ECOS.

근하고 있기 때문이다.

이런 추세 변화로 미루어볼 때 신용 규모 증대와 부채 확대를 통한 유동성 증대로 인해 한국 금융 부문에 영업잉여를 증가시킬 배경이 있던 것이지 금융 부문의 독자적 우위성을 보여줄 만한 증거로서는 충분하지 않다.

오히려 비금융자본이 금융심화에 주도적 역할을 수행한 측면을 간과해서는 안 될 것이다. 왜냐하면 실제로 한국 금융역할 심화의 주도 세력으로 재벌로 상징되는 산업자본의 영향과 역할을 배제할 수 없기 때문이다. 1980년대 후반 이후 금융자유화가 실시되면서 30대 재벌기업의 금융계열사 수를 보면, 1986년 43개이던 것이 외환위기 직전인 1996년에 105개로 정점을 기록한 후 2008년에는 55개로 나타나고 있기 때문이다(김상조, 2011: 148).

이는 비록 단편적 증거이긴 하지만 대체로 금융 부문의 확장과 관련해 산업자본의 역할이 중요했다는 것을 파악할 수 있는 증거라 할 수 있다. 다만 산업자본의 무리한 금융 부문 확장 진출 전략이 대규모 부실을 초래해 1997년과 2008년 외환위기와 금융위기를 겪으면서 산업자본이 사실상 강제적으로 퇴출되면서 감소세를 보였을 뿐이다.

다시 말해 금융 부문의 상대적 확장 혹은 활성화는 산업구조 고도화 과정

에서 자연스럽게 나타나는 서비스 산업의 발전과 유동성 증대 등에 연관되어 있는 것이지 그것의 확장을 금융지배 혹은 금융 주도로 연결할 이유가 명확하게 나타나지는 않고 있다는 것이다. 현실적으로는 재벌체제 비중이 매우 큰 한국의 경우 금융심화 현상이 어떤 방식으로 나타나든지 그 중심에는 금융 부문과 비금융 부문의 융합이라는 형태가 존재할 뿐이다.

즉, 한국 금융심화의 본질은 금융자본의 독립적 자기증식 능력이 확립된 결과라기보다는 오히려 산업자본의 새로운 이윤 기회 확보, 혹은 자본의 유연화가 금융적 수단과 결부된 결과로 파악해야 할 것이다. 유철규(2008: 149)에서도 이런 입장이 잘 나타나고 있다. 그는 한국의 경우 금융허브 전략과 '자본시장통합법'을 중심으로 한 금융 빅뱅도 전략적인 정책 선택이라는 관점에서 보아야 하기 때문에 한국에서 금융심화의 증거들을 금융 주도 축적체제 구축 증거로 단정 짓는 것은 다소 무리가 있는 것으로 보고 있다.

사실 국제경쟁력도 아직 매우 약하다는 것을 알 수 있다. 은행의 전체 자산과 이익, 피고용자 수에서 차지하는 해외 점포의 비중을 나타내는 초국적 지수는 국내 은행의 경우 작년 말 기준 평균 3.8%였다. HSBC(64.7%)나 UBS(76.5%) 같은 글로벌 은행과 비교할 수 없는 수준이다(박유연, 2013).

(2) 금융심화와 주주 중심의 기업 경영체제 확산

금융허브 구축 전략에도 불구하고 여전히 한국은 금융 부문에서 미국처럼 세계적 경쟁력을 갖고 있지 않다. 단적인 예로 ≪더 뱅커(The Banker)≫에서 발표한 세계 1000대 은행 순위를 들 수 있다. 2012년 기준 세계 1000대 은행에 포함된 아시아 지역 은행은 343개로 중국 104개, 일본 100개, 인도 32개, 대만 28개, 말레이시아 13개 등인데 비해 한국은 9개로 나타나고 있어 중국, 일본과는 경쟁에서 많이 뒤처지는 모습이다.

다시 말해 한국경제는 여전히 금융 부문보다는 제조업에 경쟁력을 가진 제조업 강국이라는 점을 간과해서는 안 될 것이다. 외환위기 이후 전기전자, 자동차, 조선, IT 분야에서 제조업 강국으로 발돋움하면서 수출 주도적 성장체제를 키워나갔다. 말하자면 제조업을 중심으로 하는 재벌체제의 경쟁력이 더욱 강화되어왔다. 그 결과 한국은 외환위기 이후 오히려 국내총생산에서 수출의 비중이 크게 늘어났다.

외환위기 직전까지 23~26%대이던 [수출/GDP] 비중이 외환위기 직후 32~35%대로 증가했으며 2000년대 후반에는 40%를 상회하는 급증세를 나타내면서 1987~1996년 기간의 20%대에서 비중이 2배 이상으로 확대되었다. 이는 외환위기 이후 한국의 수출 주도 축적체제가 위기 이후 내수 부문의 급격한 침체를 만회하기 위해 공격적인 수출드라이브 전략을 활용하면서 재편된 국제분업구조에 필사적으로 적응해왔기 때문이다(상세한 것은 이병천, 2011 참조).

결과적으로 외환위기 이후 기본적인 성장체제는 재벌 중심의 수출 주도 축적체제에 바탕을 두면서 금융을 비롯한 경제의 주요 부문에 신자유주의적 시장화와 수익추구를 중심으로 하는 구조 변화가 강하게 침투하는 혼합적 성장모델로 나아갔다고 할 수 있을 것이다. 재벌 중심의 이런 혼합적 성장모델로 이행하면서 금융 부문도 나름대로 독특한 방식의 축적 구조와 동학을 창출하게 되었을 것이다.

그렇다면 외환위기 이후 수출 주도형 경제성장과 금융체제의 변화가 혼합되면서 거시경제 성장 메커니즘에 어떤 변화가 생겨났는가? 적어도 두 가지 현상은 명확하게 나타났다. 외환위기 이후 기업 자금조달 체제가 은행(간접금융) 중심체제에서 자본시장(직접금융) 중심체제로 전환되었다는 점이다. 이는 <그림 3-4>에서 간접적으로 유추할 수 있을 것이다.

또 다른 한편 정부 당국의 리스크 관리 중심의 일련의 건전성 강화 정책이 연이어 취해졌다. 이에 따라 기업 경영과 금융 업종의 경영방식이 외환위기

〈그림 3-4〉 [원/달러], [원/엔] 환율과 ROS · ROE · ROA 변화 추이

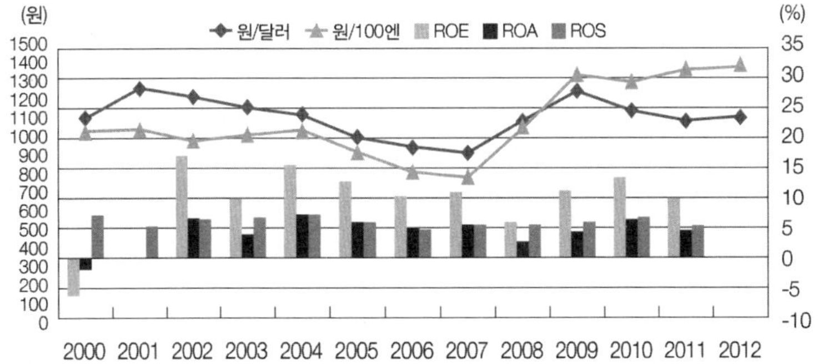

자료: 한국은행, ECOS 및 ≪기업경영분석≫ 각호.
주: ROA: 총자산순이익률, ROE: 자기자본순이익률, ROS: 매출액영업이익률.

이전 차입에 의존한 규모 확대추구형에서 외환위기 이후 수익과 안정지향
형으로 확실히 전환했다는 점이다(신용상, 2006: 6~15; 이병천, 2011: 26~38
참조).

이런 구조 변화 추세는 한국은행 ≪기업경영분석≫의 재무지표 자료에서
도 잘 나타나고 있다. 외환위기를 거치며 기업부채비율이 급격히 하락하고
유보율은 매우 높아졌다. 이로 인해 자기자본이익률도 획기적으로 개선된
것으로 나타났다. 상장기업의 평균 부채비율 [$\frac{부채총액}{자기자본총액}$×100]은 1997년
314.5%에서 2000년대에는 100% 내외를 유지하고 있다. 유보율의 경우도
2002년 232%(1000대 기업 기준)이던 것이 2012년 말에는 893%(상장기업
656개)로 크게 높아졌다[6]. 부채비율이 낮을수록, 반대로 유보율이 높을수록
기업의 안정성이 높다고 할 수 있다.

이런 추세 변화는 외환위기 이전에 2~3% 수준에 머물던 자기자본이익
률(ROE), 총자산이익률(ROA) 수준이 비록 환율 하락기에 다소 낮아지는 추

─────────

6) 한국거래소 공시자료에 의하면 10대 재벌그룹 69개 계열사의 경우 2012년 말 기준으
로 유보율이 1441.7%에 이르고 있다.

이를 보이기는 하지만 2000년대 들어와서는 외형성장 시기의 핵심지표인 매출액 영업이익률(ROS)에 비해 현저히 개선된 것으로 미루어 짐작할 수 있다(<그림 3-4> 참조).

또한 외환위기 이전에 높은 수준의 가계 저축이 기업투자를 뒷받침하고 있었던 반면, 외환위기 이후에는 가계 저축률이 급격히 낮아지면서(1998년 23.2%에서 2010년 2.5%) 가계 저축과 민간투자와의 국내적 연관은 크게 낮아졌다는 점에서도 잘 뒷받침되고 있다. 그 결과 두 가지 현상을 경험하게 되었다. 한편으로 가계 자금 및 금융기관 자금이 부동자금화 되고 투기자금화될 가능성이 외환위기 이전보다 훨씬 높아졌다는 점이며 다른 한편으로는 기업투자가 가계 저축이 아니라 기업 자체의 저축과 밀접하게 동행하게 되었다는 점이다.

특히 주목해야 할 사항은 한국 기업의 이익처분 방식에서 기업 사내유보율이 매우 높아졌다는 사실이다. 분명한 것은 외환위기 이전의 '가계 고저축 - 기업 고부채 - 기업 고투자' 성장체제가 해체되고, '가계 저축 감소 - 기업 저축 급증 - 낮은 기업투자 - 낮은 총소득 증가'가 동행하는 구조로 변모한 것이다.

특히 '저성장 체제 - 낮은 국민소득 총증가율'은 뒤에 나오는 <표 3-2>에서 보듯이 1990년대와 2000년대 기간의 GNI 연평균 증가율을 비교하면 극명하게 드러난다. 사실 경제성장은 1980년대 이후 추세적 하락 기조를 보이고 있다. 각 정권별로 평균 경제성장률을 보더라도 노태우 정권 8.6%, 김영삼 정권 7.4%, 김대중 정권 5.0%, 노무현 정권 4.3%, 이명박 정권 2.9%를 기록하면서 지속적인 저성장 기조를 나타내고 있다.

3. 한국의 금융심화와 소득불균등 추이

1) 금융심화와 소득분배 악화

국제노동기구가 발간한 『세계임금보고서(Global Wage Report 2012/2013: Wages and equitable growth)』에서는 소득분배 악화를 추동하는 네 가지 요인에 주목하고 있다. 과거에 기술 변화나 산업구조 변화 등 구조적 요인을 주요 요인으로 꼽았던 것과 달리 국제노동기구는 금융심화와 세계화 등을 주요 요인으로 지적하고 있다(ILO, 2013: 49~50).

사실 소득분배 악화가 기술이나 산업구조 변화에서 대부분 기인했다면 불평등 문제는 일종의 자연법칙으로 인위적 정책 개입을 통해 해소될 수 없다는 인식으로 연결될 수밖에 없다. 그래서 불평등 해소 정책에 비판적인 정치세력들은 기술 변화를 불평등 증가의 핵심으로 보려는 경향이 강하다.

이에 반해 수많은 반세계화론자들은 세계화의 불평등 심화 효과를 강조해왔다. 하지만 실증연구에서 세계화는 다소 제한적으로 분석된다. 주로 국민총생산에서 총교역량이 차지하는 비중을 세계화의 지표로 삼는다. 현재까지 진행되어온 세계화 방식이 노동 비용 절감을 통한 수출경쟁력 확보와 경쟁력 낮은 산업의 구조조정에 초점을 두는 경향이 있었는데, 이 경우 임금에 대한 압박은 자연스레 강화된다.

이런 세계화 요인은 대부분의 연구에서 확인되는데, 국제노동기구에서도 노동 분배 몫 하락의 약 19%가 세계화를 통해 설명되는 것으로 추정했다(ILO, 2013: 51). 특히 금융심화의 핵심은 자본의 전 세계적 이동이기 때문에 기본적으로 금융적 세계화가 중요한 요인으로 지목된다.

금융심화가 노동 분배 몫에 영향을 주는 방식은 다양하다. 금융심화로 인해 주주와 금융자본의 영향력이 커지면서 총수익 중 이들이 가져가는 비중이 높아질 수 있다. 심지어 총수익 중 노동자에게 공정한 대가를 지급하고 남은 이익을 주주에게 분배하는 것이 아니라 논리가 역전되어 적정 배당을 먼저 고려한 뒤 잔여 수익으로 임금을 주는 주주 중심 및 수익추구형 경영관행이 정착될 가능성이 높다.

금융심화의 영향이 이렇듯 복합적이면서 광범위하기 때문에 그 실제 효과도 큰 것으로 추정되었다. 국제노동기구에서는 금융심화가 노동 분배 몫 하락의 약 46%를 설명한다고 추정했으며 네 가지 요인 중 가장 설명력이 높은 요인으로 해석하고 있다(ILO, 2013: 50~51).

마지막으로 생각할 수 있는 것이 노동시장 유연화와 복지정책의 약화다. 역시 1980년대 이후 세계화·금융역할 심화와 더불어 대대적인 규제 완화가 전개되었다. 그중에서 노동시장의 규제 완화가 두드러진다. 노동조합의 힘은 현저히 약화됐다. 조직률이 낮아지고 단체협약 적용률도 떨어지는 추세다. 실업보험을 비롯해 노동시장과 직접 연계된 사회보장 정책도 이전에 비해 후퇴했다.

모두 노동시장을 유연화해서 고용을 늘린다는 목표하에 진행되었다. 이런 변화는 노동자의 임금 협상력을 약화시켜 노동 분배 몫을 하락시키는 핵심 원인으로 지목된다. 국내외 연구(ILO, 2013; 김영태·박진호, 2013)에 따르면, 분배 몫 변화의 약 25% 정도가 노동시장 유연화 및 비정규직 확대 등과 관련 있는 것으로 분석되었다.

노동 분배 몫 하락의 원인들을 정확히 수치화하는 것은 쉬운 일이 아니다. 특히 각 요인들이 서로 얽혀 있어서 이들을 완전히 분리해내기란 불가능에 가깝다. 실제로 세계화, 금융심화, 노동시장 규제 완화 등 각종 신자유주의 정책기제의 대표적 수단들이 서로 영향을 주고받으면서 동시적으로 소득불평등 심화에 중요한 요인으로 작용했음을 의미하는 것이다.

한 가지 분명한 것은, 노동 분배 몫의 변화가 기술 변화 같은 어떤 초월적인 힘 때문에 생긴 것은 아니라는 점이다. 시장의 실패이며, 이 시장의 실패를 교정해야 할 정책이 오히려 시장의 실패를 악화시킨 측면이 강하다는 것이다. 분명한 사실은 노동 분배 몫의 하락이 1980년대 이후 확산된 신자유주의 정책의 대표 기둥인 세계화와 금융심화와 함께 시작됐다는 사실이다.

2) 금융심화와 소득불균등 추세

김종성(Kim, 2011)의 연구는 금융역할 심화가 한국에서 소득불균등의 중요한 근거임을 계량적 방식으로 뒷받침하고 있다. 그는 소득원을 6개로 나누어 지니계수에 미치는 영향을 조사했다. 추정 결과에 따르면 임금과 금융소득이 소득불균등의 가장 중요한 요소로 나타났으며 나머지 부동산소득, 사회보험, 이전소득, 여타 소득의 순으로 나타났다. 종합해보면 외환위기 이후 한국경제의 금융심화 현상과 가계소득 부진이 소득불균등에 상당히 기여했음을 짐작할 수 있게 하는 것이다.

아시아개발은행(ADB, 2014)의 보고서도 이런 결과를 뒷받침하고 있다. 1990년부터 2010년까지 아시아권의 28개국 가운데 12개국의 지니계수가 악화된 것으로 나타났는데, 이 기간 한국의 지니계수 악화 속도는 스리랑카에 이어 5번째로 빨랐다. 수출 중심의 비약적인 성장을 이뤘지만, 경제주체 간 불균형과 소득계층 간 빈부 격차가 벌어지면서 구조적 불균형이 깊어지고 있다는 뜻이다.

김영태·박진호(2013: 4), 강두용·이상호(2013)에서도 가계와 기업 간 소득 격차에 주목하면서 이 요인 때문에 가계부채 문제 악화, 내수 부진, 체감성장 부진 등이 발생하고 있는 것으로 진단하고 있다. 한국 가계소득 증가세의 국민총소득(이하 GNI) 대비 상대적 둔화는 기업소득 증가 추세를 하회하는 임금 증가율 등 기업이익의 가계 환류성 약화, 자영업 영업이익의 낮은 증가

〈표 3-2〉 가계소득, 기업소득, GNI 연평균 증가율 변동 추이(%)

	1980~1997년	2000~2012년	2000~2006년	2007~2012년
가계소득	15.8	5.7	6.2	5.3
기업소득	12.1	16.8	18.6	14.0
GNI	16.3	6.5	7.2	5.5

자료: 한국은행, ECOS.
주: 가계소득은 개인 가처분소득, 기업소득은 금융 및 비금융법인의 가처분소득임.

및 가계예금 대비 부채의 빠른 증가로 인한 순이자소득 급감, 유효세율 상대적 증가 등에 기인한 것으로 평가하고 있다.

<표 3-2>에서 보듯이 2000년대 들어와 한국의 가계소득 증가율은 GNI 증가율을 밑돌아 GNI에서 가계소득이 차지하는 비중이 지속적으로 하락하고 있다. 이에 반해 기업소득 증가율은 GNI 증가율을 크게 상회하면서 상승해온 것을 알 수 있다.

무엇보다 GNI 연평균 증가율의 경우 외환위기 이전에 비해 2000년대 들어와 거의 절반 이하로 크게 낮아졌음을 볼 수 있다. 이는 금융심화가 지속되었던 기간과 GNI 연평균 증가율 감소 기간이 일치하고 있음을 의미하는 것으로 금융심화가 성장의 정체를 가져올 수 있다는 정체론자들의 주장을 일부 뒷받침하고 있는 증거라 할 수 있을 것이다. 2000년대를 다시 전반부와 후반부로 나눌 경우 2008년 세계금융위기 이후에 저성장 추세는 더욱 심화되고 있는 것으로 나타난다.

이런 추세적 특징은 다음의 <그림 3-5>와 <그림 3-6>에서도 명확하게 나타난다. 소득과 저축의 관계는 동전의 양면이라 할 수 있을 것이다. 소득 증가율이 감소해온 가계의 저축률은 지속적으로 감소하고, 소득증가율이 높아진 기업의 저축률은 지속적으로 높아지고 있음을 알 수 있다.

그렇다면 가계와 기업소득의 큰 격차는 왜 발생한 것일까? 결국 위의 연구들을 종합해보면 각종 신자유주의적 세계화, 금융심화 정책의 결과와 무

〈그림 3-5〉 1975~2012년 한국경제의 [기업소득/가계소득] 비율의 장기 추이

자료: 한국은행, ECOS
주: 가계소득은 개인 가처분소득, 기업소득은 금융 및 비금융법인의 가처분소득임.

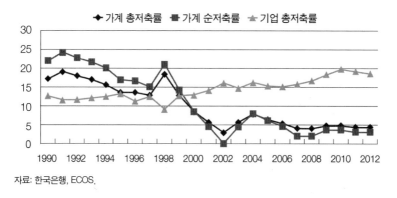

〈그림 3-6〉 1990~2012년의 가계 저축률과 기업 저축률 추이 변화

자료: 한국은행, ECOS.

관하지 않다는 것을 짐작할 수 있게 한다. 즉, 세제 및 금융 정책 그리고 노동 정책 등에 따른 가계 환류성 약화가 핵심 요인으로 등장한다.

소득불평등의 수준을 알아보는 방법은 노동소득분배율, 지니계수, 5분위 혹은 10분위 배율, 기업소득/가계소득 비율 추이 등이 있다. 이 중에서 노동 소득분배율의 경우 국민소득 및 노동소득의 개념을 어떻게 정의하는가에 따라 실제 수치가 상당 정도 변동할 수 있다. 이런 점을 감안하여 이 글에서는 나머지 세 지표를 통해 한국의 소득불평등 상태를 살펴볼 것이다.

강두용·이상호(2013: 4)에서 특히 강조하고 있는 것처럼 가계와 기업 간 성장불균형은 주요국과 비교해도 이례적일 정도로 심하다. OECD 국가들의 2000~2010년 기간 〔기업소득/가계소득〕 비율 변화를 비교해볼 때 한국은 OECD 내에서 헝가리에 이어 2번째로 격차가 큰 것으로 나타난다.

이를 반영하듯 한국의 경우 도시 2인가구의 가처분 소득을 기준으로 살펴볼 때 지니계수 악화, 상대적 빈곤율 상승, 중위소득자 비율 감소 등 소득불평등 지표가 전반적으로 나빠져왔음을 볼 수 있다. 지니계수의 경우 1997년 0.266이던 것이 2012년 0.310으로 상승해 OECD 평균 수준 0.314와 유사한 수준을 유지하고 있지만 외환위기 이후 뚜렷한 상승세를 보였음을 알 수 있다.

중위소득 50% 미만의 비율을 나타내는 상대적 빈곤율은 1997년 7.1%이던 것이 2012년 12.1%로 상승해 OECD 평균인 11.1%보다 높은 것으로 나타난다. 중위소득 50%에서 150% 미만의 소위 중산층 비중은 1997년 75.4%이던 것이 2012년 65.5%로 줄어든 것으로 나타난다(최원, 2012를 통계청 자료로 보완함).

또한 소득양극화 정도를 나타내는 지표인 소득 상위 20%의 평균소득을 하위 20%의 평균소득으로 나눈 5분위 분배율의 경우도 1997년 3.72배에서 2012년 4.67배로 상승했다. 또한 상위 10% 소득을 하위 10% 소득으로 나눈 10분위 수치도 1997년 3.16에서 2012년 4.01로 상승했다(통계청, 2013). 소득분배지표 자료에 따른 이런 소득양극화 및 불균등 심화 현상은 노동시장 내 소득 격차의 확대와 노동 분배 몫의 감소를 동시에 말해주고 있는 것이다.[7]

국민경제를 구성하는 양대 부문인 가계와 기업 간의 이러한 소득 격차는 무엇보다 내수 부진, 체감성장 부진, 가계부채 문제 등의 근본 원인으로 작용해 미래 성장 동력을 약화시키는 요인이 될 가능성이 크다는 점에서 주목할 만한 것이다. 즉, 가계소득 부진의 소비 억제 효과가 기업소득 호조의 투자 촉진 효과를 압도하는 경우 내수 부진을 초래해 저성장의 함정에 빠질 수 있기 때문이다.

미국의 주택버블 및 가계부채 급증이 소득 부진을 가계자산 가격 상승으로 보전하고자 한 암묵적 노력의 결과라고 지적한 라구람 G. 라잔(Raghuram G. Rajan, 2010)의 논리가 한국경제에도 그대로 적용될 수 있을 것이다. 말하자면 최소한 미국식 금융정책과 부채 증대에 의한 경제성장의 후유증이 한국경제에서도 명확히 나타나고 있음을 알 수 있는 것이다. 따라서 중장기적 측면에서 보면 소득불평등이 커질수록 인적자본 양성과 투자가 억제되고 이 때문에 생산성과 기술혁신도 둔화되면서 사회적 성장의 잠재력을 낮추게 된다.

4. 금융심화와 부채 주도 성장 및 그 특징

세체티·모한티·잠폴리(Cecchetti, Mohanty and Zampolli, 2011)는 주요 선진국 모두에서 대체로 경제주체들의 부채가 크게 증가한 기간이 금융심화 기간과 맞물리고 있음을 보여주고 있다. 이는 18개 OECD 주요국[8]의 1980년

7) 외환위기 이후 임금과 생산성의 관계를 정리한 새로운 사회를 여는 연구원(2014: 7) 보고서에서도 이런 모습이 잘 나타난다. 한국 제조업의 경우, 외환위기 이전(1985~1997년) 실질임금 증가율(10.4%)이 생산성 증가율(9.7%)보다 0.7% 높았다. 반면 외환위기 이후(1997~2011년) 실질임금 증가율(3.5%)이 생산성 증가율(7.6%)보다 4.1% 낮은 것으로 나타났다.
8) 미국, 일본, 독일, 영국, 프랑스, 이탈리아, 캐나다, 오스트레일리아, 오스트리아, 벨기

〈표 3-3〉 OECD 주요 18개국의 GDP 대비 매크로레버리지 추이(단위: %)

구분	1980년	1990년	2000년	2010년
매크로레버리지	167	204	255	314
정부	45	67	81	93
가계	37	48	61	93
기업	85	94	113	128

주: 각국 부채비율의 단순평균.
자료: Stephen et al.(2011).

대 이후 가계, 기업 및 정부부채를 합한 매크로레버리지 상승 추세에서 극명하게 드러난다.

매크로레버리지[9] 평균 수준이 1980년 말 162%에서 2010년 말 314%로 약 2배 증가했다. 부문별로는 가계와 기업 및 정부 부문 부채가 1980년대 말 GDP 대비 각각 37%, 44%, 85%에서 2010년 말에는 각각 93%, 93%, 128%로 크게 상승한 것으로 나타나 위험 수위, 즉 허용 임계치(thresh-hold point)에 접근하고 있음을 보여준다(<표 3-3 참조>).[10]

아지몬티·프란시스코·콰드리니(Azzimonti, Francisco, and Quadrini, 2012)도 불완전시장과 내생적 정부차입을 가정한 다국 정치경제 모델(multi-country political economy model) 접근을 통해 금융시장이 국제적으로 통합되고 소득불평등이 심화될 때 각국 정부가 더 높은 수준의 공공부채를 보유하게 된다는 결과를 내놓았다. 이 연구 결과는 1980년대 이후 금융심화가 진행되면서 대다수 선진국에서 소득불평등과 공적부채 증가가 심화되는 현상이 나타났음을 보여준다.

───────────

에, 덴마크, 핀란드, 그리스, 네덜란드, 노르웨이, 포르투갈, 스페인, 스웨덴 등.
9) 매크로레버리지는 가계와 기업, 정부 등 비금융 부문의 부채를 명목 국내총생산(GDP)으로 나눈 값으로 경제 규모 대비 비금융 부문의 부채 규모를 나타내준다.
10) 국제기구, 특히 WEF(2010)의 경우 스톡(부채/GDP)기준으로 가계부채는 GDP 대비 75%, 기업은 80%, 정부는 90%를 제시하고 있다.

국제채권시장의 동향에서도 이런 추세는 공통적으로 나타나고 있다. 국제결제은행(이하 BIS)은 분기보고서(2014년 3월 9일 발표)에서 2013년 9월 현재 정부와 기업들이 발행한 채권 잔액이 100조 달러에 달했다고 밝혔다. 글로벌 금융위기 직전인 2007년 중반의 70조 달러에 비해 40%나 늘어났다. 은행 대출을 제외한 수치다. 특히 각국 중앙 및 지방 정부가 발행한 정부 채권은 43조 달러로 2007년에 비해 80%나 늘었다. 비금융 기업들이 발행한 회사채도 비슷한 속도로 증가했다. 다만 금융회사들의 경우 금융위기 이후 차입 축소에 나서면서 채권 발행 속도가 둔화됐다.

채권시장 규모가 급격히 커진 건 금융위기 이후 정부와 기업들의 자금 조달 방식이 바뀌었기 때문이라고 BIS는 분석했다. 은행들이 대출을 꺼리면서 대출 대신 채권시장에서 필요한 돈을 조달하는 사례가 늘어났다는 것이다. 투자자들이 안전자산을 찾아 채권으로 몰린 것도 채권시장이 급성장한 요인 중 하나다.

그런데다 경기도 부양해야 하고 유동성 위기에 처한 금융사들도 구제해야 하는 정부의 자금조달 수요가 겹치면서 자연히 채권 발행액이 늘어났다. 글로벌 금융위기의 직격탄을 맞았던 미국이 대표적이다. 미국 연방 정부의 부채는 현재 17조 달러에 달한다. 기업과 금융회사들이 발행한 채권까지 합치면 36조 달러를 넘어선다. 전 세계 빚의 1/3 이상을 미국이 지고 있는 셈이다. BIS에 따르면 한국도 2011년부터 2013년까지 빚이 22% 늘어난 것으로 집계됐다. 빚이 가장 많이 늘어난 국가는 인도로 같은 기간 국채와 회사채 잔액이 85%나 불었다.

채권시장이 커졌다는 것은 그만큼 경제주체들의 빚이 늘어났다는 뜻이다. 금리가 급격히 오를 경우 정부와 기업의 이자 부담이 빠르게 늘어날 수밖에 없다. 기업은 수익이 줄어들고 정부는 더 이상 시장에서 싸게 돈을 빌릴 수 없게 돼 거시경제와 금융시장에 악영향을 주는 것이 불가피하다.

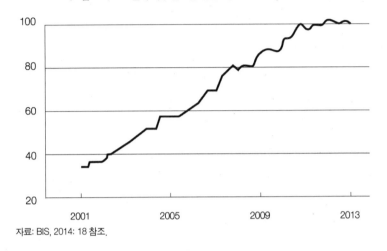

〈그림 3-7〉 200년대 이후 글로벌 채권시장 규모 추이(단위: 조 달러)

자료: BIS, 2014: 18 참조.

한국의 경우를 좀 더 구체적으로 살펴보자. 한국은행의 자금순환표에 의하면 2012년 말 기준으로 가계(비영리단체 포함), 민간기업, 일반정부(일반정부는 중앙정부와 지방정부 및 국민연금 등 사회보장성 기금을 합한 것임)의 부채 총액(3607조 3000억 원)은 GDP(1272조 5000억 원)의 283%에 이르고 있다. 외환위기 직전인 1997년 72.7%이던 것에 비교해 외환위기 이후 한국에서도 경제주체의 빚이 크게 늘어났음을 알 수 있다.

그렇다고 외환위기 극복 때문에 빚이 크게 늘어났다고만 할 수는 없다. 왜냐하면 외환위기가 대체로 수습되었던 2003년 148조 1000억 원이었던 정부부채는 2012년 468조 6000억 원으로 3배 이상, 가계부채의 경우 559조 3000억 원에서 1058조 8000억 원으로 2배, 민간기업 부채 역시 988조 6000억 원에서 1978조 9000억 원으로 약 2배가 늘어났기 때문이다. 특히 주목해야 할 부분은 가계부채의 증가이다. 다음 <그림 3-8>에서 보듯이 가계부채비율이 개인 가처분소득의 160%를 넘어섰고, GDP의 80%에 육박하고 있다.

〈그림 3-8〉 1990년대 이후 [가계부채/가처분소득], [가계부채/GDP] 비중 추이(단위: %)

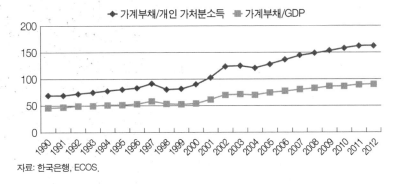

자료: 한국은행, ECOS.

WEF에 따르면 통제하기 힘들고 금융위기 가능성이 커지는 과다 가계대출비율 임계치를 GDP 대비 85%로 제시하고 있는데, 한국의 GDP 대비 가계부채비율이 이 임계치에 접근하고 있음을 알 수 있다. 더 큰 문제는 가처분소득 대비 가계부채 수준도 가용 소득으로 부채를 상환할 수 있는 능력을 크게 상회하고 있어 한국의 가계부채 수준이 심각한 수준에 도달하고 있음을 알 수 있다.[11]

가계부채가 증가일로를 걸을 경우 정부도 부채 증가 부담 때문에 가계 소비를 부추기는 내수 진작책을 펼칠 수 없게 된다. 이런 가계부채의 심각성은 그대로 가계 저축률에 반영되고 있는 것으로 보인다. 앞의 <그림 3-6>에서 보듯이 외환위기 이전 약 20%대에 머물던 가계 저축률이 2000년대 들어와 지속적으로 하락하여 2010년 2.7%, 2012년 4%대로 추락했다.

---

11) 미국 서브프라임 사태가 발생하기 직전인 2007년 가계부채비율이 가처분소득 대비 145.8%, GDP 대비 96% 정도임을 감안할 경우 한국 가계부채의 수준이 어느 정도 심각한지 짐작할 수 있을 것이다. 가계자산이 가계부채보다 2배 이상 많다는 통계 수치를 앞세워 빚이 큰 문제가 되지 않을 거란 주장도 있는데, 자산이 상위계층에 집중되어 있고(1% 상위계층이 약 17%의 자산을 보유함) 이들이 타인의 빚을 갚아줄 것이 아니기 때문에 별로 설득력이 없어 보인다.

사실 가계부채가 1000조를 초과하면서 한국 사회에는 '하우스 푸어', '전
세 푸어', '학자금 푸어', '워킹 푸어', '웨딩 푸어' 등 온갖 '푸어(poor)' 시리
즈가 등장했다. 여러 부문에 부채 확산의 그림자가 짙게 드리워지고 있음을
반영하는 용어들이 생겨나는 것이다. 이는 가계부채 구성이 크게 6:4의 비율
로 주택담보대출과 생계형 대출로 구성된 것과 무관하지 않다.

금융감독원의 자료(2013.7.1)에 따르면 국내은행 가계대출 중 주택담보대
출 비중이 2013년 5월 말 잔액 기준으로 314.8조를 기록하여 국내 은행 총
가계대출 463.2조의 약 68%를 차지하고 있는 것으로 나타난다. 이는 가계
부채의 약 60% 이상을 주택담보대출이, 40% 미만을 생계형 대출이 차지하
고 있음을 보여주는 것이다. 이처럼 주택담보대출의 비중이 큰 이유는 외환
위기 이후 자유화된 가계대출과 재테크의 중심 역할을 한 부동산 투자 및 두
차례의 주택가격 폭등[12])을 들 수 있을 것이다.

게다가 부동산 투자 붐에 더해 외환위기 이후 찾아온 벤처 거품, 신용카드
붐, 펀드 열풍 등으로 상징되는 부자 되기 신드롬이 부동산 시장 거품과 겹
쳐지면서 부(富)의 효과에 의한 소비 확장과 머니게임을 한층 더 확산시키는
데 일조했다(상세한 것은 제윤경·이헌욱, 2012: 104~113 참조). 사실 1998년 외
환위기 와중에 1987년 제정된 신용카드업법을 폐지하고 여신전문금융업법
을 제정하여 극심한 소득의 감소를 겪고 있는 국민에게 본격적으로 경기부
양을 위한 수단으로 신용카드 사용 활성화를 유도한 것도 이런 맥락과 닿아
있다.

위에서 정부부채는 2012년 말 기준으로 468조 6000억 원으로 GDP의

---

12) 최영준·손창남·조강철(2008: 3)에 따르면 1980~2000년대에 3차례의 상승기가 있었
  다. 구체적으로는 제1상승기(1987년 9월~1991년 11월): 최고 상승률 21.9%(월평균
  14.0% 상승), 제2상승기(2001년 3월~2004년 7월): 최고상승률 17.5%(월평균 9.2%
  상승), 제3상승기(2005년 6월~2007년 12월): 최고상승률 12.2%(월평균 6.5% 상승)
  로 나타난다.

〈그림 3-9〉 [원/달러], [원/엔] 환율과 KOSPI 및 업종별 평균 주가지수 추이

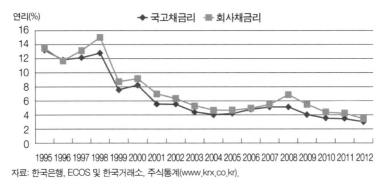

자료: 한국은행, ECOS 및 한국거래소, 주식통계(www.krx.co.kr).

40%(37.9%)대에 미치지 못하는 것으로 나타났다. 하지만 정부부채를 IMF 등 국제기구들이 제시한 '공공 부문 작성지침'에 따라 엄격하게 집계할 경우 실상은 달라진다.[13] 그 규모가 1043조 4000억 원에 달하기 때문이다. 즉, 일반정부부채 468조 6000억 원에다 그동안 정부부채로 간주하지 않던 공기업 부채 574조 8000억 원(통화안정증권 169조원 포함)을 더해야 하기 때문이다(홍승현, 2013).[14] 엄격한 국제 기준에 의한 GDP 대비 국가부채는 각각 약 75%대(1043조 4000억 원)로 크게 증가할 수밖에 없다.

이처럼 각 경제주체의 부채 급증 추세는 우선 저금리 정책에 상당 부분 의

---

13) 홍승현(2013)에 의하면 지금까지 논란을 빚어온 나랏빚 통계에 공공기관 432곳과 한국은행·산업은행 등 금융 공기업 7곳을 포함시켜야 하며 내년 3월부터 새 통계방식으로 나랏빚을 발표해야 한다고 했는데 이를 정부가 수용할 예정이라고 밝혔다. 다만 연금충당부채와 보증채무 등 우발부채는 나랏빚에 넣지 않고, 별도 부기할 방침이라고 한다.

14) 보도에 의하면 빚에 기댄 공기업 경영이 한계에 도달했다. 2012년 말 30개 공기업의 차입금 의존도는 38%에 달해 민간기업 차입금 의존도 25.2%를 크게 상회하면서 위험수위를 이미 넘어섰다고 진단한다. 회계전문가들은 정부의 채무보증이라는 방탄막이 없다면, 현재 공기업들은 모두 구조조정 대상이라고 평가·진단했다(≪조선일보≫, 2013.7.24).

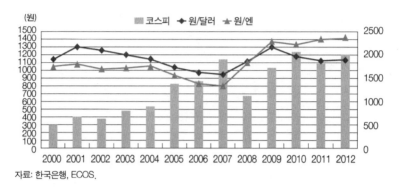

〈그림 3-10〉 한국의 국고채금리(3년) 및 회사채금리(장외3년 AA-등급) 장기 추이

자료: 한국은행, ECOS.

존하고 있는 것으로 보인다. <그림 3-9>에서처럼 한국의 경우 1997년 말 외환위기 이전에 12%를 상회하던 국고채금리가 외환위기 수습 후 2002년 부터 크게 낮아지면서, 저금리 기조가 정착되어왔음을 알 수 있다. 중앙은행 의 기준금리 인하는 금리 경로를 통해 시장금리를 하락시키고 이는 예금은 행의 예금 및 대출금리 하락으로 이어진다.

금리가 하락하면 이자비용 감소로 기업투자 또는 주택 구입 등을 위한 자 금 수요는 증가하게 되고, 여유자금 보유자는 저축을 감소시키고 소비를 늘 리게 될 것이다. 아울러 금리가 하락하면 정기예금 보다는 주식이나 부동산 에 대한 투자를 선호하게 되고, 이는 주식 또는 부동산 가격 상승으로 자산 소득을 증가시켜 부의 효과를 강화시키는 동력으로 작용할 것이다. 바로 금 융자유화에 따른 부채 확대 - 자산 가격 상승의 자기강화를 초래할 가능성을 높이게 된다.

주지하다시피 경제주체의 부채 확대는 대체로 세계적 차원에서 부동산과 주식 등 자산시장의 가격 상승을 주도한 것으로 나타난다. 한국의 경우에도 이런 공통적 추세가 나타나는지 살펴볼 필요가 있을 것이다. <그림 3-10> 에서 KOSPI 전체 평균 주가지수 변동 추세를 살펴보면 2008년 세계금융위

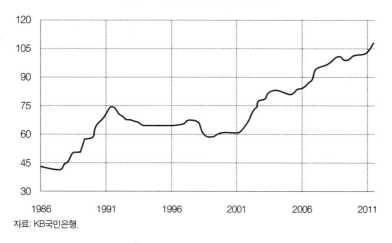

〈그림 3-11〉 주택매매가격지수 장기 추이

자료: KB국민은행.

기 기간을 제외할 경우 지속적으로 증가하고 있음을 알 수 있다. 심지어 환율 하락이 지속되면서 기업채산성이 부정적 영향을 받았을 것으로 판단되는 2005~2007년 기간에도 증가하고 있음을 알 수 있다.

이런 증가 추세는 미국을 위시한 주요 선진국들의 금융심화 추세에 따른 유동성 증대, 외환위기 이후 금융시장에 대한 개방과 자유화로 풍부해진 한국의 유동성, 외국인 투자자금의 대규모 유입과 가계대출 급증 및 신용확장 등으로 금융시장 규모가 급팽창하면서 주식시장에 유동성 장세가 지배해 온 데 기인하고 있다.

또한 앞서 입증했던 것처럼 외환위기 이후 한국 기업의 직접금융에 대한 비중이 증가한 점이 주식시장의 확대에 한 몫을 했다. 게다가 과거 외환위기 이전의 투자확대 일변도의 경영방식에서 수익성 중시 경영관리로 기업 경영의 패턴 변화가 이루어진 측면도 시가총액과 주가지수 유지·관리에 매우 중요한 역할을 했다는 점을 간과해서는 안 될 것이다(김종선, 2011 참조).

장기적인 주택매매가격지수[15]도 외환위기가 진정되면서 2001년부터 빠르게 상승 추세를 나타내고 있음을 <그림 3-11>에서 볼 수 있다. 외환위기 이전에 비해 2011년 기준으로 약 2배 가까이 상승했음을 알 수 있다. 이는 외국인 투자자금의 대규모 유입과 주택담보대출을 중심으로 한 가계대출 급증 및 신용확장 등으로 유동성 확대가 이루어짐에 따라 부동산 시장도 크게 팽창해왔음을 의미하는 것이다.

결국 저금리와 결합된 신용창출에 힘입어 가계 및 국가부채가 급증하고 금융심화에 의한 유동성 증대로 한국에서도 외환위기 이후 부동산과 주식시장의 가격 지수가 크게 상승했음을 알 수 있다. 말하자면 미국을 비롯한 선진국에서처럼 금융자유화로 인한 금융심화와 임계상태에 이른 부채 확대 및 자산 가격 상승의 경로의존성이 지속되어왔음을 보여주는 것이다.

하지만 지금까지 금융심화와 소득불평등, 금융심화와 경제주체의 부채 증대 등의 변수들 간의 인과관계는 다양한 변수들이 얽혀 있음을 감안할 때, 또 직접적 검증 방식이 아니라 정치경제학적 측면에서 통계 추세 및 문헌 자료를 통한 간접적 상관관계 추이를 살펴보고 있다는 점에서 이 글에는 일정한 한계가 있다.

5. 함의와 시사점

지금까지 살펴본 바에 따르면 외환위기 이후 한국의 금융심화 기간과 소득불평등 심화, 부채 급증에 의한 경제운영, 저성장 추세 등이 발생한 기간

---

15) 주택매매가격지수는 주택매매가격 통계로는 국내 유일의 정부 공인 통계이다. 1986년 1월부터 주택은행(현 국민은행)이 전국 3343개 부동산 중개업자로부터 124개 시·군·구, 1만 9044개 표본 주택의 매매·전세가격, 주택거래동향 등을 매달 조사해 발표하고 있다. 하지만 기초 원(原)조사의 가격 자료가 실제 거래가격을 제대로 반영하는지에 대한 신뢰성 문제가 가장 큰 단점으로 지적된다.

이 정확하게 겹친다는 것을 알 수 있다. 즉, 미국 등 주요 선진국에서처럼 소득불균등 심화, 경제주체의 부채 확산, 저성장 체제로 이어지는 금융심화의 부정적 결과들이 금융연관비율과 금융심화지표가 크게 증가한 외환위기 이후의 한국경제에서도 그대로 나타나고 있음을 알 수 있었다.

그렇다고 해서 외환위기 이후 한국의 축적체제가 금융 주도적 축적체제로 전환되었다는 명확한 증거는 보이지 않았다. 이는 무엇보다 금융 부문의 위상이 여전히 세계적 위상과는 거리가 있다는 점에서 단적으로 드러난다. 오히려 외환위기 이후의 저성장 추세를 수출 주도형 제조업 성장과 금융 부문의 역할 강화 및 수익추구형 주주자본주의 경영관행을 통해 극복하는 과정에서 소득불균등과 부채 급증이 야기된 측면이 강하게 나타난 것으로 해석된다.

특히 대기업 위주의 수출 주도 정책을 강하게 추진함으로써 기업들의 이윤은 늘어났을지 몰라도 가계소득 증가로 이어지지 않고 있어 〔가계소득/기업소득〕 비중이 지속적으로 감소해왔음을 볼 수 있었다. 이는 내수시장 기반을 약화시키게 되고 해외시장에 대한 의존도를 더욱 높여 세계시장 여건에 더욱 민감한 경제구조를 강화시키는 역할을 했는데 이는 무역의존도가 증가한 것으로 미루어 짐작된다.

그 결과 외환위기 이후 한국의 성장양식이 부채를 늘려 내수를 촉진하고 자산 가치를 높여 소비를 진작시키는 자기강화적 자산-부채 사이클(self-reinforcing asset-debt cycles)을 통한 적자 호황 경제시스템에서 예외가 될 수 없음을 알 수 있었다. 즉, 유동성 주도의 경제성장이 지속되어온 측면이 강하게 나타나고 있음을 확인할 수 있었다. 물론 그 배후에 1997년 외환위기 이후 전면적으로 시행된 구조조정과 세계화 및 세계적 금융심화 현상이 자리하고 있음도 부정할 수 없을 것이다.

왜냐하면 금융 부문에서 다양한 금융상품을 쏟아내면서 신용 확대와 부채 확대를 가능하게 하여 성장 동력을 확대하고, 부동산과 주식시장을 중심으로 자산투자와 거품을 조장함으로써 부의 효과를 통한 성장체제를 확산시켜간 것이 신자유주의의 가장 중요한 성장 메커니즘이었기 때문이다.

결국 금융심화로 대표되는 정책의 여러 문제는 한국경제에서도 소득불균등과 부채 급증의 문제를 초래하는 한편 가계소득으로의 환류가 낮은 수출 주도 정책까지 병행되면서 한국경제의 양대 축인 소비와 투자의 기반을 위축시켜 한국경제의 체질을 약화시키고 추세적 저성장을 굳혀왔다.

이런 저성장은 다시 한국 부동산 시장과 주식시장의 불안정성에 대한 우려를 키우고 있기도 하다. 결국 앞서 열거한 문제들이 2010년대 한국경제 불안정과 경제성장의 핵심적인 지체 요인으로 부각되었다는 점이다. 왜냐하면 낮은 소득 - 높은 부채 - 낮은 저축으로 요약되는 가계의 희생을 담보로 한 내수 성장 동력은 지속 가능하지 않기 때문이다.

왜 가계부채 문제를 완화시키고 중산층 이하의 소득정체를 해결하는 것이 한국경제의 핵심과제로 등장했는지 위의 서술을 통해 짐작할 수 있다. 하지만 아직 국가부채를 증가시켜온 금융시스템을 근본적으로 개혁하거나 중산층 감소로 위축된 소비기반을 확충하려는 대안을 효율적으로 마련하지 못하고 있는 것으로 보인다. 이들 문제에 대한 해결을 미루면서 단지 내수시장 침체 문제를 해결하려는 것은 소득불평등과 국가부채 급증을 해결하기 위한 미봉책이 될 가능성이 높다.

궁극적으로는 가계소득 증대 대책을 수립하는 것만이 근원적 대책이 될 수 있을 것이다. 말하자면 '가계소득 증가 → 소비 증가 → 기업 매출 증가 → 투자 증가 → 고용 확대 → 가계소득 증가 → 소득불평등 완화 및 부채 감소 → 경제 활력 증대 → 기술 및 생산성 향상 → 거시경제'의 선순환 구조 진입으로 연결될 수 있기 때문이다.

참고문헌

강두용·이상호. 2013.2.5.「한국 경제의 가계, 기업 간 소득성장 불균형 문제: 현상, 원인, 함의」.≪e-kiet 산업경제정보≫, 제549호, 산업연구원.

KB국민은행. 2011.「월간 전국 주택가격 동향조사(2011.5.16 기준)」. KB국민은행.

금융감독원. 2013.7.1. "13.5월말 국내은행의 대출채권 및 연체율 현황", 금융감독원 보도자료.

김사우. 2013.7.10.「소득양극화 해소를 위한 정책과제」. 국회입법조사처 정책보고서, 제26호.

김상조. 2011.「30대 재벌의 금융계열사 현황 분석(1986~2008 사업연도): 산업자본의 금융지배 추이 및 정책적 시사점」.≪경제발전연구≫, 제17권 제1호(한국경제발전학회), 141~169쪽..

김영태·박진호. 2013.「가계소득 현황 및 시사점」.≪Issue Paper Series≫, No.2013-1, 한국은행.

김의동. 2012.「미국과 스웨덴의 금융화 비교 연구」.≪국제지역연구≫, 제16권 제4호(국제지역학회), 203~235쪽.

_____. 2014,「미국과 스웨덴의 금융화 비교」,『자본의 세계화와 축적체제의 위기』, 경상대학교 사회과학연구원 총서 41, 한울.

김종선. 2011.「자산시장을 통한 한국경제와 미국경제의 동조화 분석」.≪국제지역연구≫, 제15권 제3호, 393~405쪽.

김주환. 2013.「금융발전지수로 본 우리나라 금융의 글로벌경쟁력」.≪KB daily 지식 비타민(13-007)≫, KB금융지주 경영연구소.

노영진. 2011.「금융발전이 실물경제에 미치는 영향」.≪서울경제≫, 제80호(서울시정개발연구원), 3~11쪽.

박유연. 2013.8.7. "이자장사만 하다가… 국내은행 수익성 신흥국 중 꼴찌".≪조선비즈≫.

박추환. 2013.「권역별 금융구조 및 역할 변화와 1인당 부가가치 간 영향 분석」.≪국제지역연구≫, 제17권 제1호(국제지역학회), 25~49쪽.

새로운 사회를 여는 연구원. 2014.『분노의 숫자: 국가가 숨기는 불평등에 관한 보고서』. 동녘.

서익진. 2004.「금융주도 축적체제의 내부모순과 IMF위기의 분석에 대한 함의」.≪학술대회 발표논문집≫, 새정치경제학 연구팀.

신용상. 2006.「경기변동과 중소기업 자금조달 간의 관계에 대한 연구」. 한국금융연구원.

유철규. 2008.「금융화와 한국자본주의」.≪동향과 전망≫, 여름호(통권73호), 139~172쪽.

이경은·김태근. 2013.7.24. "공기업 빚, 자산보다 빨리 증가… 자본잠식 위기".≪조선일보≫

이병천. 2011. 「외환위기 이후 한국의 축적체제: 수출주도 수익추구 축적체제의 특성과 저 진로 함정」. ≪동향과 전망≫, 봄호(통권81호), 9~69쪽.

이창선·김건우. 2011.11.9. 「한국금융의 바람직한 발전방향: 실물경제 지원 및 성장·안정의 균형추 역할」. ≪LGERI 리포트≫, LG경제연구원.

이현재·김영배. 2012. 「세계의 소득수준별 지속성장가능성에 관한 실증분석」. ≪국제지역연구≫, 제16권 제2호(국제지역학회), 87~112쪽.

장진호. 2008. 「일상생활의 금융화와 부자되기 신드롬」, 한국문화인류학회 발표논문집 (2008. 11. 14).

전창환. 2001. 「신자유주의적 금융화와 미국자본주의의 구조변화」. 김진방·성낙선 외 지음.『미국 자본주의 해부』. 풀빛.

정성진. 2008. 「신자유주의 금융화 모델의 붕괴」. ≪맞불≫, 82호(http://www.left21.com/article/5193)

제윤경·이헌욱. 2012.『약탈적 금융사회: 누가 우리를 빚지게 하는가』. 부키.

조복현. 2007. 「한국의 금융시스템 변화: 금융화의 발전」. 한국사회경제학회. ≪사회경제평론≫, 제29권 제1호, 253~296쪽.

조영철. 2004. 「위기 이후 구조재편의 문제점과 대안적인 정책방안」. 전창환·김진방 외 지음.『위기 이후 자본주의』. 풀빛.

최영준·손창남·조강철. 2008. 「주택가격의 추이와 지역 간 파급여부 분석」. 한국은행 조사국 지역경제반.

최원. 2012. 「지니계수를 통해 본 소득불평등」. ≪Weekly 포커스≫, 10~11쪽.

통계청. 2013. 가계동향조사(www.kosis.kr).

한국거래소. 주식통계(www.krx.co.kr).

한국은행. ≪기업경영분석≫ 각호.

한국은행. ECOS. 경제통계 데이터베이스.

홍승현. 2013. "공공부문 재정통계 산출방안". 공공부문 재정통계 산출방안에 관한 공청회 발표자료(2013.7.4).

홍장표. 2010. 「글로벌 금융위기와 금융주도 자본주의」. ≪마르크스주의 연구≫, 제7권 제3호, 241~272쪽.

ADB. 2014. *Inequality in Asia and the Pacific: Trends, Drivers and Policy Implications*. Changyong Rhee, Juzhong Zhuang and Ravi Kanbur(ed.). ADB, Routeledge.

Azzimonti, Marina, Eva de Francisco and Vincenzo Quadrini. 2012. "Financial Globalization, Inequality, and The Raising of Public Debt." Working Paper, No.12-6, Research Department, Federal Reserve Bank of Philadelphia.

BIS. 2014. "International banking and financial market development," *BIS Quaterly Review*(March 2014).

Crotty, J. 2002. "The Effects of Increased Product Market Competition and Changes in

Financial Markets on the Performance of Nonfinancial Corporations in the Neoliberal Era." *PERI Working Paper series*, No.44, pp.1~41.

Cynamon, B. Z. and S. M. Fazzari. 2009. "Household Debt in the Consumer Age: Source of Growth-Risk of Collapse." *Capitalism and Society*, Vol.3, Issue.2, pp.1~30.

Duménil, G and D. Lévy. 2004. "The Real and Financial Components of Profitability :USA 1948-2000." *Review of Radical Political Economy*, Vol.36, No.1, pp.82~110.

Epstein, Gerald A. and Arjun, Jayadev, 2005, "The Rise of Rentier Incomes in OECD Countries: Financialization, Central Bank Policy and Labor Solidarity." Epstein. Gerald A(ed.), *Financialization and the World Economy*, Edward Elgar, pp.46~74.

Hein, E. and Van Treeck. 2008. "'Financialisation' in Post-Keynesian Models of distribution and growth: A Systematic Review." *Macroeconomic Policy Institute Working Paper*.

International Institute for Labor Studies(IILS). 2011. *World of Work Report 2011:Making Markets Work for Jobs*. Geneva, ILO/IILS.

International Labor Organization(ILO). 2013. *Global Wage Report 2012/2013: Wages and equitable growth*. Geneva, ILO.

Kim, Jongsung. 2011. "The Dynamics of Income Inequaliy in Korea." *Globalization, Human Capital and Inequality*, KDI Journal of Economic Policy Conference, Chapter 6.

Kregel, J. 2008. "Changes in the U.S. Financial System and the Subprime Crisis." The Levy Economics Institute of Bard College, Working Paper, No.530.

Lapavitsas, C. 2009. "Financialised Capitalism: Crisis and Financial Expropriation." *School of Oriental and African Studies, Research on Money and Finance Discussion Paper*, No.1.

Orhangazi, Ö. 2009. "Financialization and Capital Accumulation in the Non-financial Corporate Sector: A Theoretical and Empirical Investigation of the US Economy, 1973-2004." *Cambridge Journal of Economics*, 32, pp.863~886.

Palley T. 2007. "Financialization: What It Is and Why It Matters." *Political Economy Research Institute Working Paper*, University of Massachusetts.

Piketty, Thomas. 2014. *Capital in the Twenty-First Century*. translated by Arthur Goldhammer, The Belknap Press of Havard University Press.

Rajan, Raghuram G. 2010. *Fault Lines*. Princeton University Press.

Cecchetti, Stephen G., M. S. Mohanty and Fabrizio Zampolli. 2011. "The Real Effects of Debt." BIS.

Stockhammer, Engelbert. 2010. "Neoliberalism, Income Distribution and the Causes of the Crisis." *Research on Money and Finance Discussion Paper*, No.19.

WEF. 2012. *The Financial Report*. World Economic Forum.

www.thebanker.com

제4장

삼성의 초국적화와 한국경제

장시복 | 목포대학교 경제학과 부교수

1. 들어가는 말

삼성에 좋은 것은 한국에 좋은 것이고 한국에 좋은 것은 삼성에 좋은 것인가?[1] 이 질문에 많은 사람들은 '그렇다!'고 답할 것이다. 삼성은 한국 기업이니, 삼성이 발전하면 한국경제의 생산이나 고용 등을 증대시킬 것이고 한국경제가 발전하면 역으로 삼성의 자본축적에도 많은 도움을 줄 것이기 때문이다.

그런데 이 대답이 '당연하기' 위해서는 삼성이 한국 기업이라는 전제가 필요하다. 삼성이 한국 기업이라고 주장하는 사람들은 삼성을 경영하는 회장이 한국 사람이고 삼성의 본사가 한국에 있다는 근거를 든다. 그들은 자본

---

[1] 이 표현은 1952년 미국의 아이젠하워 대통령에게 국방장관 후보로 지명된 찰스 윌슨 (Charles E. Wilson)이 상원청문회에서 내놓은 발언, "제너럴 모터스(General Motors)에 좋은 것은 미국에도 좋고 미국에 좋은 것은 제너럴 모터스에도 좋다"를 차용한 것이다.

에도 국적이 있다고 주장하는 것이다.[2)]

자본의 국적성을 주장하는 사람들과 달리 이 글은 삼성자본의 성격을 규정하는 데에 자본축적 방식이 더 중요한 기준이라고 주장한다. 다시 말해 삼성이라는 자본의 성격을 규정하는 것은 삼성 경영진의 국적이나 본사의 위치가 아니라 삼성 글로벌 네트워크의 실체와 재편인 것이다. 이 관점에서 이 글은 삼성을 '글로벌 네트워크를 구축하고 재편하면서 자본축적을 수행하는 초국적기업(transnational corporations)'으로 파악한다(장시복, 2008).

재벌연구의 측면에서 볼 때 이 관점은 무엇보다도 재벌연구의 사각지대로 남아 있는 초국적화 연구의 공백을 메울 수 있다는 점에서 의미가 있다. 1945~2002년까지 재벌 관련 연구문헌 3927건을 분석한 이재희(2005)의 연구에 따르면 재벌연구는 현상연구와 정책연구가 6대 4의 비율을 기록했으며, 연구주제에서는 1987년까지는 경제력 집중, 1988~1997년에는 노동통제, 1998~2002년에는 지배구조가 가장 중요하게 다루어졌다. 그런데 이재희의 문헌 연구에서는 재벌의 초국적화에 대한 연구가 언급조차 되지 않았다.

물론 재벌이나 삼성의 초국적화를 다룬 연구가 없는 것은 아니다. 한국수출입은행은 한국의 해외직접투자 통계를 작성해 매년 발표하고 있으며[3)] 학

---

2) 대표적인 주장으로는 장하준(2010)을 들 수 있다. 그에 따르면 "점점 더 많은 자본이 '초국적화'되어 가는 추세에도 불구하고 대부분의 초국적기업들은 국적이 없는 기업이 되기보다는 사실상 해외 지사를 둔 '단일국적기업'으로 남아 있다. 핵심 기술 개발이나 전략 설정 등의 가장 중요한 활동은 대부분 본국에서 이루어지고 최고 경영진도 대개 본국 국적을 지닌 사람들로 채워져 있다." 이에 대한 비판은 장시복(2004)을 보라.

3) 한국수출입은행은 우리나라의 해외직접통계를 작성하고 이를 근거로 매년 『해외직접투자 경영분석』을 발간한다. 이 책자는 우리나라 기업의 해외직접투자 동향을 지역별, 업종별로 제시하고 투자규모가 100만 달러를 초과하는 기업을 대상으로 경영실적과 성과를 분석한다. 그러나 이 자료는 산업별 혹은 기업 규모별 자료만을 제공할 뿐 기업별 자료는 제시하고 있지 않다(한국수출입은행, 2014).

계에서도 해외직접투자의 진출 유형과 사례, 경제적 성과, 해외직접투자가 국민경제에 미치는 영향, 예를 들어 산업공동화, 국제수지, 노사관계 등의 각론적 쟁점에 대한 연구를 많이 내놓았다.

또한 삼성의 초국적화와 관련해서 연구가 전무한 것도 아니다. 예를 들어 이덕안(1993)은 한국 기업의 해외직접투자와 관련해서 삼성그룹의 사례를 분석했다. 그는 존 더닝(John Dunning)의 절충이론을 근거로 하면서 삼성그룹, 특히 삼성전자 해외 자회사의 연결망을 분석해 삼성의 초국적화와 관련한 연구 성과를 제시했다.

김어진(2012)은 삼성전자의 해외경영을 미국의 초국적기업 애플과 비교하면서 삼성전자의 초과이윤 문제, 삼성전자의 글로벌 가치사슬 분석, 전자산업에서의 부품 과잉생산 문제를 다루었다. 전자산업의 모회사와 해외 자회사의 수익성, 해외투자기업과 국내투자기업의 수익성을 실증한 연구 결과에 따르면 삼성전자는 수직계열화한 공급사슬과 생산자의 비용 절감을 위한 다단계 하청구조, 고강도·저임금 사슬을 통해 초과이윤을 얻고 있다.

마지막으로 장대업(2005)은 삼성 초국적화의 역사를 서술하며 중국, 인도, 타이, 말레이시아 등 동아시아에서 일어난 삼성의 자본축적을 분석했다. 그런데 이 연구는 삼성이 아시아에서 어떤 방식으로 생산을 조직하고 기업을 운영하는가를 다루기는 하지만, 주요 관심은 노동 인권의 문제였다.

이렇듯 재벌이나 삼성의 초국적화에 대한 연구들은 대부분 미시적 수준의 사례연구에 초점을 맞추고 있을 뿐 글로벌 자본운동을 체계적으로 분석하거나 이러한 자본운동이 한국경제에 어떠한 영향을 미치는지를 종합적으로 분석하지 못하고 있다.

이 상황에서 이 글은 삼성의 초국적화 과정을 전체적으로 분석함으로써 삼성의 글로벌 네트워크를 파악하고 그 경제적 성과를 평가하려 한다. 그리고 이를 바탕으로 삼성의 글로벌 자본운동이 한국경제와 어떤 연관성을 가지며 어떤 모순을 야기하는지를 파악하려 한다. 이를 통해 이 글은 초국적기업의 관점에서 삼성을 분석하는 하나의 '시론적' 시도를 제시한다.[4]

2. 초국적기업 삼성으로의 진화 과정[5]

1) 마셜리언 기업에서 재벌로

초국적기업의 진화에 관한 앨프리드 챈들러(Alfred D. Chandler, 1990)의 분석에 따르면 초국적기업은 먼저 수평적 결합과 수직적 통합, 독과점 형성을 통해 국내시장을 장악한다. 그리고 이에 기반을 두고 해외투자를 통해 초국적화를 추진하며, 다른 초국적기업과 세계적 경쟁을 벌인다. 다시 말해 기업의 초국적화는 국내 경제의 '일국 챔피언'에서 세계적 기업으로 변신하는 과정이며 이를 통해 세계적 차원에서 치열한 초국적기업 간 경쟁을 통해 자본축적을 수행하고 있는 것을 의미한다(장시복, 2008).

삼성이 초국적기업으로 성장해온 과정도 이와 크게 다르지 않다. 1930년대 말 삼성상회(三星商會)로 출발한 삼성은 1960~1970년대 수평적 결합과 수직적 통합을 통해 다각화를 추진하며 국내시장을 장악했고, 1980년대 이후 초국적화를 빠르게 추진하고 세계적인 초국적기업들과 경쟁하며 세계적 자본축적을 수행하고 있다.

삼성은 1938년 대구에서 무역업과 함께 제분기와 제면기를 설치한 소규

---

4) '시론적'이라는 표현은 삼성의 초국적화와 관련해 접근할 수 있는 자료가 부족하기 때문에 삼성 글로벌 자본운동의 실상을 '총체적으로' 파악하지 못한 한계를 반영한 것이다. 따라서 총체적 분석은 추후 과제로 남겨둘 수밖에 없다.
5) 이 절에서 별다른 인용 없이 삼성의 진화 과정과 관련한 역사적 사실을 설명하는 내용은 삼성 비서실(1988)을 인용한 것임을 밝힌다.

모 제조업을 겸한 삼성상회로 출발했다. 당시 사과·밤과 같은 청과물을 대구 근교의 산지를 돌며 수집하고 오징어 등의 건어물을 포항 등지에서 들여다가 만주와 베이징 지방으로 수출했다. 전형적인 마셜리언 기업(marshallian firm) 형태로 운영되던 삼성은 1939년 조선양조(朝鮮釀造)를 인수하고 1941년 주식회사로 전환하며 근대적인 기업 형태를 갖추었다.[6]

이후 삼성은 1948년 서울에서 주식회사인 '삼성물산공사'를 만들어 무역업을 중심으로 활발한 사업을 벌였다. 그러다가 한국전쟁이 발발하면서 사업은 중단되었지만 1951년 1월 부산에서 삼성물산을 설립하며 재건을 노렸으며, 삼성물산은 생필품 중 절대적으로 부족했던 설탕과 비료를 취급하며 사세를 확장했다(이한구, 2010: 72~73).

1950년대에는 미국의 원조와 소비재 경기의 활성화에 편승하며 소비재 중심의 제조업을 주력 사업으로 내세워 국내 생산을 확장하고 인수·합병을 통해 자본의 집적과 집중을 강화했다. 삼성은 한국전쟁이 끝난 1953년 7월 서울로 본사를 이전해 소비재 중심의 무역업을 더 적극적으로 전개하며 이윤을 벌어들였다(신장철, 2014: 89~95). 그리고 외국의 상황을 좀 더 정확하게 파악하기 위해 그해 9월에 도쿄 지점을 설치했다. 도쿄 지점은 해외판매나 해외생산을 목적으로 한 법인은 아니었지만, 삼성이 처음으로 해외에 설치한 조직이었다는 점에서 큰 의의가 있다.

다른 한편 삼성은 소비재의 수입대체를 위해 1953년 6월 제일제당을 설립했고 모직업에 진출해 1954년 9월 제일모직공업주식회사를 창립했다. 또한 정부의 은행 귀속주의 공매입찰에 참여해 1957년 8월 흥업은행(興業銀行)

---

6) 하이머(Hymer, 1970)는 초국적기업의 진화 과정을 다음과 같이 묘사한다. "마셜리언 자본가는 2층에 있는 사무실에서 그의 공장을 운영한다. 세기가 바뀌어 거대 국내기업의 대표는 폭넓은 시야와 강력한 권력을 가지고 높은 건물, 말하자면 7층의 사무실에 머문다. 오늘날 거대 기업에서 경영자들은 마천루의 꼭대기에서 사업을 벌인다. 날씨가 쾌청한 날, 그들은 전 세계를 볼 수 있을 정도다."

의 주식 83%를 가진 대주주로 부상했다. 이 외에도 조흥은행주의 55%를 매입했고 흥업은행 신탁부에서 가지고 있던 상업은행주 33%까지 합하여 4개 시중은행의 거의 절반을 소유하게 되었다. 그리고 1958년 안국화재를 인수했다.

1950년대 중반 이후 삼성은 주요 은행의 대주주라는 위치를 적극 활용하며 점차 그룹의 형태를 띠게 되었다. 제일제당이 1955년 12월 삼양물산과 합작으로 대한정당판매를 설립했고 삼성물산은 자회사로서 1957년 2월 효성물산을, 이듬해인 1958년 12월에는 근영물산을 설립했다. 또 1957년 8월 천일증권을, 1958년 은행 부채로 부실해진 한국타이어를, 1958년 1월 삼보시멘트를, 1958년 12월 동일방직을 인수했으며 같은 달에 호남비료공업의 주식 45%를 매입했다. 이에 따라 삼성은 1950년대 말 16개의 자회사를 거느린 한국 최대의 재벌로 성장했다(장대업, 2005: 30).

2) 1960년대 수출지향적 공업화와 해외지점의 설치

삼성은 1960년대 경제개발계획과 수출지향적 공업화에 힘입어 사업을 확장했다. 5·16 군사 쿠데타를 통해 정권을 장악한 박정희 정부는 국가 주도의 자본축적 메커니즘을 형성시킨 경제개발계획을 시행했고 국제 분업망에 종속적으로 편입되는 계기가 된 외자 의존·수출지향적 공업화 전략을 폈다. 그리고 이에 따른 고축적과 고성장의 열매는 재벌에 돌아갔다(박현채, 1994: 248).

이러한 경제적 상황에서 삼성은 수평적 통합과 수직적 결합을 통해 사업을 다각화하고 국내시장을 장악하는 데 주력했다. 1960년대 들어 삼성은 다양한 사업 분야에서 기업을 신설하거나 인수했다. 한편으로 삼성은 1964년 8월 한국비료공업주식회사[7]를, 1966년 5월 주식회사 고려병원을 창립했

다. 또한 삼성은 언론 사업 부문에 진출해 1963년 2월 동양텔레비전방송주
식회사를, 6월에는 라디오서울방송주식회사를 설립했고[8] 1965년 9월 중앙
일보도 창간했다.

다른 한편 삼성은 1963년 7월 동화백화점을, 같은 해 12월 동화부동산주
식회사를 인수했다. 또한 1965년 10월 제지업에 진출해 '새한제지(전주제지
의 전신)'를 인수했으며 1968년 7월 미풍산업을 제일제당에 흡수·합병했다.
그리고 1964년 10월 대구대학을, 1965년 9월에는 그해 4월에 정식 출범한
삼성문화재단을 통해 성균관대학교를 인수했다.

1960년대 삼성의 국내사업 확장에서 가장 중요한 것은 삼성전자의 설립
이었다. 삼성전자는 1969년 1월 설립등기를 마치고 공장 설립을 추진했다.
그러면서 삼성전자는 일본 산요전기와 합작투자를 추진했으며 1969년 9월
전량 수출한다는 조건으로 정부의 인가를 받아 12월 삼성산요전기를 설립
했다. 또한 삼성전자는 NEC(니혼전기주식회사)와의 합작투자를 통해 1970년
1월 삼성NEC도 설립했다. 이로서 삼성은 외국자본과의 합작투자이기는 하
지만 고부가가치 전자산업에 첫발을 내딛게 되었다(삼성전자주식회사, 2010:
22~28).

또, 국내시장의 다각화를 적극 추진하는 동시에 수출지향적 공업화에 편
승해 해외 부문에도 영역을 확장했다. 1964년 5월 정부가 수출 극대화를 위
해 '종합수출진흥책'을 발표한 이후 삼성은 신규 해외시장 진출, 기존 해외

---

7) 삼성은 비료 공장 건설을 위한 대일차관 교섭과 대미수출 교섭을 병행 추진하여 1964년
   8월 일본의 미쓰이(三井)물산 주식회사와 요소비료 공장 건설계약을 체결하는 동시에
   미국의 인터내셔널 오어 앤 퍼틸라이저 회사(International Ore & Fertilizer Corporation)
   와 수출계약을 체결했다. 그러나 삼성은 '한비사건'이라 불린 사카린 사건으로 이 회사
   를 1966년 9월 22일 국가에 헌납했다.
8) 1964년 5월 '라디오서울', 12월에는 '동양텔레비전방송'이 개국했다. 1년 후 이 두 회
   사는 합병되어 동양방송(TBC)으로 발족했다. 그러나 동양방송은 1980년 11월 언론 통
   폐합 과정에서 한국방송공사(KBS)에 강제로 편입되었다.

시장의 거래 촉진, 해외시장의 정보 수집 등 해외 진출에 필요한 제반 조건을 갖추었다(이한구, 2010: 117~118).

1960년대 이후 삼성은 해외지점 개설에 박차를 가하며 해외사업을 체계화하기 시작했다. 1963년 11월 홍콩 지점을 설치했고, 1964년 1월 뉴욕 지점과 프랑크푸르트 지점을 설치했다. 1965년 2월에는 오키나와 출장소를, 1967년 7월에는 월남 특수에 참여하기 위해 베트남 호찌민에 지점을 설치했으며 같은 해 12월 뉴욕 지점을 현지법인으로 승격시켜 미국과의 거래 증진을 꾀했다. 그리고 해외지점이 확대되면서 1964년 기존에 각 계열사들이 독자적으로 해오던 수출 업무를 삼성물산으로 집중해 전담하게 했다.

3) 1970년대 중화학공업화와 종합무역회사

1970년대 들어 세계경제는 큰 환경의 변화를 겪었다. 1970년대 초반 세계경제공황, 미국이 금태환 정지를 선언한 이후 브레턴우즈 시스템(Bretton woods system)의 붕괴, 석유 위기와 중동붐, 그리고 주요 선진국의 경공업 제품 수입 규제 등으로 세계는 혼돈의 시대에 들어섰다(Armstrong et. al, 1995).

세계경제의 혼돈에 대한 대응으로 박정희 정부는 중화학 공업 육성을 추진하며 수출지향적 공업화를 더욱 가속화했다. 박정희 정부는 1980년대 초에는 수출 100억 달러, 국민소득 1000달러에 도달할 수 있도록 중화학공업 정책을 적극 추진하겠다며 1973년 1월 중화학공업화를 선언했다. 이 선언을 뒷받침하기 위해 박정희 정부는 1973년 5월 '중화학공업추진위원회'를 설치했고 '국민투자기금법'을 조성하고 각종 조세지원책을 마련하며 중화학공업에 대한 재정융자를 확대했다(김대환, 1987: 214~219).

이 정책에 힘입어 삼성은 중화학공업 분야로 사업을 크게 확대했다. 삼성은 1974년 7월 삼성석유화학공업주식회사를, 8월에는 삼성중공업주식회사

를 설립했다. 또한 1976년 11월 삼성중공업의 종합산업기계공장을 착공함
으로써 중화학공업에 대한 모든 작업을 본격화했다. 이어서 1977년 4월에
는 삼성조선을 설립하고 5월에는 대성중공업을 인수하는 한편, 8월에는 방
위산업의 일환인 삼성정밀을 설립했다.

1970년대 중화학공업 부문의 진출과 함께 삼성은 삼성전자의 사업 영역
을 확장하고 독자적인 생산 체계를 구축해나가며 삼성전자를 주력 사업 부
문으로 키워나갔다. 삼성전자는 1973년 8월 전자제품의 국내생산을 확대하
기 위해 계열사인 삼성산요와 일본 산요전기주식회사 및 산요전기무역주식
회사 등과 합작하여 삼성산요파츠 주식회사를 설립했다. 또한 1973년 6월
삼성전자는 코닝글라스사와 50대 50의 합작비율로 삼성코닝주식회사의 설
립 및 흑백 TV용 유리부착공장 건설에 합의했으며, 12월 삼성코닝주식회사
를 출범시켰다(삼성전자주식회사, 2010: 28~32).

또한 삼성은 장기적 안목에서 반도체 산업을 육성하기 위해 한국반도체
의 국내인 투자지분을 1974년 12월에 인수했으며 전자손목시계용 칩, 전자
오븐용 칩, 트랜지스터(TR) 등의 개발에 성공하여 본격적으로 반도체 사업
을 전개했다. 그리고 1977년 12월에는 한국반도체의 나머지 지분 50%를
마저 인수한 후 이듬해 3월 상호를 삼성반도체주식회사로 변경했다.

중화학공업화에 편승한 사업 확대와 함께 삼성은 수출지향적 공업화의
가속화에 따른 해외 확장도 동시에 추진했다. 이 과정에서 특히 종합무역상
사인 삼성물산은 중요한 역할을 했다. 종합무역상사제도는 박정희 정부의
정책 추진과 밀접한 관련이 있었다. 박정희 정부는 1975년 1월 종합무역상
사제를 실시했고 1970년대 삼성, 대우, 쌍용 등 주요 재벌이 모두 종합상사
를 설립했던 것이다.[9]

---

9) 종합무역상사제는 국내기업이 해외수출 거점 확보와 선진 경영 기법을 습득하게 하는
   등 국내기업의 해외 진출에 크게 기여했다. 1979년 국내의 종합상사는 13개에 달했으

삼성은 1975년 1월 그룹 관계회사 수출창구를 단일화하고 몬트리올 지점, 오사카 지점 및 중동의 베이루트 지점 등 해외지점망 16개를 확충했으며, 자본금을 증액(납입자본금 10억 원)하고 관계사인 제일복장을 흡수·합병해 내실을 공고히 하는 등 정부의 종합상사 지정 요건을 완비했다. 삼성은 1975년 5월 드디어 정부로부터 국내 종합무역상사 제1호로 지정받았다.

종합상사의 해외활동은 초기 종합상사로서의 필수불가결한 과정이었으며, 이 과정에서 삼성물산은 해외지점망을 급속히 증가시켰다. 1975년 16개에 불과했던 지점은 1976~1977년에 걸쳐 집중적으로 증설한 결과 1978년 말에는 38개로 급증했으며, 본사에서 파견된 인원도 110명에 달했다. 또한 해외 부문의 영업전략 수립 및 해외시장 분석을 위한 해외지점장 회의를 본사에서 매년 초에 실시하여 해외 부문의 기본적인 전략을 마련했다.

중동붐도 삼성의 해외 진출을 확대하는 계기로 작용했다. 석유 가격의 급격한 상승에 따라 엄청난 오일머니(oil money)를 확보한 중동 국가들은 사회기반시설 등의 건설에 막대한 돈을 쏟아부었다. 한국의 재벌들도 외자를 획득하기 위해 중동 지역에 진출했다.

그런데 현대 등과 달리 해외 건설업체를 확보하지 못했던 삼성은 기존의 국내 건설업체를 인수하며 중동 진출을 모색했다. 삼성은 1977년 2월 통일건설을 인수해 삼성종합건설로 개칭하고 해외건설업 면허를 취득해 같은 해 10월에는 별도 법인으로 삼성해외건설주식회사를 설립했다. 또한 삼성은 삼성해외건설주식회사의 해외 수주활동을 효율적으로 운영하기 위해 기존의 이란·이라크·리비아 지점 이외에 1978년 9월에 런던에 지사를, 12월에는 사우디아라비아의 리야드에서도 해외지점을 개설했다.

1970년대 삼성의 해외 진출과 관련해서 주목할 만한 일은 해외 생산공장

며, 전체 수출의 33.9%를 차지했다(김윤태, 2012: 148~149).

과 해외법인의 설립이었다. 삼성의 계열사인 전주제지는 1977년 2월 해외 자원 확보를 위해 윈스턴 사와 합작투자를 통해 지분을 인수하고 뉴질랜드 에 열기계펄프(TMP) 공장을 건설했다. 이 합작투자는 해외자원 개발에 대한 삼성 최초의 투자라는 의의가 있다.

다른 한편 삼성전자는 미국 현지에서의 직접 판매를 통해 시장의 안정을 도모하고 현지 서비스 체제를 확립하기 위해 1978년 7월 뉴욕 현지법인 삼 성 일렉트로릭 아메리카 회사(SEA: Samsung Electronic America Inc.)를 설립했 다. 이후 SEA는 뉴욕에서 시카고로 사무실을 옮겨 LA 지점의 업무까지 관 장했다(삼성전자주식회사, 2010: 40).

1970년대 삼성의 해외 진출은 세계경제 상황과 박정희 정부의 정책에 대 한 삼성의 대응으로 주로 종합무역상사인 삼성물산의 해외네트워크 구성을 통해 이루어졌다. 그러나 기업의 초국적화의 관점에서 보면 1970년대 삼성 물산은 여전히 수출 촉진을 위한 전략기지 구축 이상의 역할을 수행하지 못 했다.

4) 1980년대 고부가가치 산업으로의 전환과 해외생산의 가속화

1980년대 이후 국내외 경제 환경의 변화에 따라 삼성은 해외 진출을 본격 적으로 확대하기 시작했다. 1980년대 초반 한국경제는 심각한 침체와 외채 위기를 겪었지만 이후 '3저' 호황에 따른 고도성장과 지속적인 국제수지 흑 자를 기록했다. 다른 한편 1987년 6월 항쟁과 뒤이어 터진 노동자 대투쟁 등 으로 재벌들은 축적의 어려움을 겪었다(박현채, 1994: 331).

이 와중에도 삼성은 고부가가치 산업인 전자산업에서 탄탄한 기반을 다 졌을 뿐만 아니라 다각화된 사업망을 통해 경제력을 집중시켰으며 수직계 열화를 강화하며 중소기업을 장악했다. 삼성은 재벌체제의 최정상에서 한국경제에 커다란 영향력을 행사하게 된 것이다.

삼성전자는 1982년 세계 최초로 초절전식 컬러TV를 개발했고 1986년 8월에는 TV 생산 1000만대를 기록했다. TV 생산뿐만 아니라 VCR, 오디오, 냉장고, 전자레인지 등의 생산에서도 새로운 제품을 지속적으로 개발·생산했다. 또한 삼성전자는 1982년 1월 반도체 연구소를 설립하고 1984년 반도체 공장을 완공해 1986년 256K D램 개발을 시작으로 이후 기술혁신을 거듭하며 새로운 제품을 양산했다(삼성전자주식회사, 2010).

국내에서 탄탄한 기반을 다진 삼성은 대외적 환경 변화에 적응하기 위해서도 힘썼다. 1980년대에는 보호무역주의의 대두로 선진국을 중심으로 한 무역규제가 강화되었고 개발도상국을 중심으로 한 개방 압력이 거셌다. 이러한 대내외적 경제 환경의 변화에 대응하면서 삼성은 본격적인 초국적화를 추진하기 시작했다.

1980년대 삼성의 초국적화는 현지생산법인의 확대를 특징으로 했다. 이 과정에서 삼성전자의 역할은 두드러졌다. 유럽 지역에서는 1982년 9월 포르투갈 현지법인 컬러TV 공장을, 1987년 10월 영국 현지생산법인(SEMUK) 공장을 준공했으며 1989년 3월 터키 합작생산법인(SETAS)을 설립했다. 아메리카 지역에서 삼성전자는 1983년 12월 미국 현지생산법인(SII)의 설립을 시작으로 1984년 12월 미국 록스베리 공장, 1988년 10월 멕시코 현지생산법인(SAMEX) 공장을 준공했다. 아시아 지역에서도 1989년 3월 인도네시아 현지생산법인(SMI)을 설립했고 그해 12월 말레이시아 현지생산법인(SEMA) 공장을 준공했다(삼성전자 연결재무제표, 각 년호).

1980년대 말부터 삼성전자는 신설 해외법인이나 공장의 설립뿐만 아니라 해외기업의 인수나 지분참여에도 열성적이었다. 대표적으로 1988년 5월 미국 마이크로파이브사(MFC) 인수를 시작으로 1988년 10월 프랑스 빠이오사와의 합작회사(SEF), 그리고 타이 합작회사(THAI-SAMSUNG CO.)를 설립했다.

1980년대 삼성의 해외 진출은 삼성전자에만 국한되는 것이 아니라 삼성 계열사 관련 기업의 해외 진출을 동반했다. 해외 영업활동을 뒷받침하는 해외 서비스는 1981년 10월 미국 LA서비스센터(LA SSC)를 개설하여 본격적인 활동을 시작했다. 이후 삼성전자의 해외서비스센터망은 1985년 2610개소로 늘었으며, 1988년에는 본사 직영센터 8개, 부품창고 6개, 계약에 의한 서비스 에이전트 4191개 규모를 갖추게 되었다(삼성전자주식회사, 2010: 67).

이와 함께 계열사의 해외 진출도 증가해 1985년 7월 삼성정밀은 뉴욕사무소를 설치했고 1987년 6월 삼성종합건설은 미국 현지법인을 설립했다. 또한 삼성중공업은 1982년 2월 호주에 현지법인을 설립했고, 1983년 4월 홍콩 지점을 설치했으며 1987년 7월 미국 클라크사와 합작투자로 '삼성클라크주식회사'를 설립하기도 했다.

5) 1990년대 IMF 외환공황과 세계적인 초국적기업으로의 성장

1990년대 한국경제는 재벌들의 무분별한 투자에 따른 과잉설비와 과잉생산으로 결국 IMF 외환공황을 겪었다. 1990년대 재벌들은 더욱 치열해진 세계경쟁에 대응하기 위해 전자·반도체·자동차·철강 등의 산업에 대규모 투자를 시도했고 이에 필요한 투자자금을 국내 금융기관과 해외은행으로부터 조달했다. 이에 따라 부채비율이 매우 높아졌고 금융적 취약성이 강화되었으며 결국 IMF 외환공황으로 엄청난 시련을 겪어야 했다(김수행, 2011: 228~229).

이러한 재벌들의 과잉투자에서 삼성도 예외는 아니었다. 대표적으로 삼성은 기존의 주력 산업 부문인 전자와 반도체에 대한 막대한 투자를 벌이는 한편, 이미 공급과잉 상황에 있던 자동차 산업에 뛰어들어 1995년 3월 삼성

자동차를 설립했고 1998년 3월 첫 차인 SM5를 판매했다. 그러나 IMF 외환
공황의 여파로 소비심리가 위축된 상황에서 자동차 판매량이 저조해지자
같은 해 12월 김대중 정부의 빅딜을 통해 삼성자동차와 대우전자의 교환 합
의 등 내우외환을 겪어야만 했다. 결국 삼성은 1999년 6월 법정관리를 신청
하면서 르노에 사업을 매각하고 자동차 사업에서 철수했다.

무리하게 자동차 사업에 진출한 대가는 혹독했다. IMF 외환공황을 거치
면서 삼성자동차, 삼성시계 등이 영업 부진과 막대한 금융비용 부담으로 대
규모 적자를 기록하면서 그룹 전체의 수익성이 저하되었다. 삼성은 재무구
조 개선과 수익성 위주의 경영기반을 확보해야 했다. 계열사 정리를 통한 핵
심 역량의 집중, 대규모 설비투자 및 연구개발 투자 확대 등의 구조조정을
단행해야 했다(송원근·이상호, 2005: 165쪽).[10]

이런 와중에도 삼성은 금융 및 자본 자유화에 대응하기 위해 국내 금융업
에 진출했다. 삼성은 1988년 3월에 삼성신용카드와 동성투자자문(삼성투자
자문)을 설립했고 1991년 11월에는 국제증권(삼성증권)을 인수했다. 또한 같
은 해 10월 제일제당은 자회사로 제일선물을 설립했다. 그리고 1993년에는
삼성파이낸스(삼성할부금융)와 삼성JP모건투자신탁 등을 설립했다(이한구,
2010: 422).

다른 한편 1990년대 세계경제의 개방화·자유화가 가속화되면서 우루과
이 라운드 합의에 따른 농산물 개방, 세계무역기구의 창설, 금융 및 자본 자
유화의 물결 등 세계화의 거센 파도가 전 세계를 몰아쳤다. 환경 변화에 따
라 삼성은 해외 부문의 사업 영역을 더 확대하는 조치를 취했다. 1990년 6월
헝가리 현지생산법인(SEH) 공장과 스페인 현지생산법인(SESA) 공장을 준공

10) 삼성의 구조조정은 이후 삼성이 경제력을 더욱 집중시키는 토대를 형성하는 역할을
했다. IMF 외환공황 이후 30대 재벌의 경제력은 다소 하락했지만, 5대 재벌과 삼성의
경제력 집중은 더 커졌다. 이른바 재벌 사이에도 양극화가 진행된 것이다.

했다. 그리고 1992년 7월 영국 빌링엄 콜러 TV 공장을 건설했으며, 1994년 1월 포르투갈 반도체 합작공장을 설립하고 같은 해 12월 영국 윈야드 복합 단지를 기공했다.

또한 중국의 개혁·개방이 이루어지면서 중국시장 진출을 본격화하기 위해 1992년 10월 중국생산법인을, 1994년 3월 중국 천진에 CTV 공장을 설립했고 1994년 9월 중국 톈진 컬러TV 공장을 준공했다. 또한 2001년 중국이 세계무역기구에 가입하면서 삼성은 중국에 대한 투자를 크게 늘리고 많은 해외생산법인과 해외공장을 설립했다.[11]

해외생산법인을 늘리면서 삼성은 삼성전자를 중심으로 해외기업 인수에도 적극적으로 참여했다. 예를 들어 1993년 5월 반도체 분야의 세계적 기업인 미국의 HMS사 인수, 1994년 5월 일본 오디오 전문 업체 LUX 인수, 1995년 1월 미국 IGT사(ATM 전문회사) 인수, 1995년 2월 미국 AST사(컴퓨터 제조업체)의 지분 인수, 1997년 2월 인텔사, 오스틴 반도체 공장에 지분 10% 참여, 1998년 6월 반도체 장비 부품제조업체 IPC사(미국 Long's사와 합작) 설립, 1999년 4월 반도체 장비 합작사 B.M.A 설립 등을 추진했다.

1990년 이후 삼성의 해외 진출은 IMF 외환공황에 따른 위기 상황에서 새로운 탈출구를 찾기 위한 노력의 일환이자 변화하는 세계경제에 대응하기 위한 전술의 일환이기도 했다. 그리고 세계화가 가속화되고 있는 상황에서 기존의 단순 수출 공장 중심의 현지화 전략이 아니라 완제품의 현지생산과

---

11) 삼성의 중국 생산거점은 세 지역으로 구성된다. 첫 번째 지역은 허베이(河北)성 톈진 북부 도시이다. 이곳에서는 중국에서 생산되는 삼성 휴대폰의 60%가 제작되고 있으며, 이곳은 삼성 SDI에서 생산하는 휴대폰 부품의 최대 생산기지이기도 하다. 삼성은 톈진에만 11개의 계열사를 설립했으며, 여기에는 삼성 SDI, 삼성전자, 삼성전기, 제일모직, 삼성코닝, 삼성테크원 등이 있다. 두 번째 지역은 중국 중부의 장쑤성 양쯔강 삼각주 지대다. 세 번째 지역은 광둥성으로 삼성은 둥관(東莞)시와 후이저우(惠州)시 등에 전자 생산기지 세 곳을 두고 있다(윙, 2005: 115~118).

현지판매에 초점을 맞추는 초국적화 전략을 활용했다. 이러한 과정을 거쳐 2015년 삼성은 67개 국내계열사(상장사 18개사/비상장사 49개사)와 전자, 중공업·건설, 화학, 금융, 서비스 산업을 통해 90개 국가, 600여 개 세계 속 거점을 확보하고 세계적으로 사업을 벌이고 있다.

3. 삼성 초국적화의 경제적 성과

1) 삼성의 초국적화 현황

2000년 이후 삼성은 세계적인 수준의 기업으로 발돋움했으며 빠르게 초국적화를 추진했다. <표 4-1>은 유엔무역개발협의회(UNCTAD)에서 매년 발표하는 『국제투자보고서(World Investment Report)』의 세계 100대 비금융 초국적기업의 목록에서 삼성의 순위를 보여준다.

2002년 삼성은 처음으로 세계 100대 비금융 초국적기업에 93위로 등재되었다. 이후 2005년 87위, 2010년 63위, 2013년 67위의 비금융 초국적기업으로 성장했다. 해외자산/총자산, 해외판매/총판매, 해외고용/총고용의 세 변수를 평균해서 이를 지수화한 '초국적화 지수(transnationality index)'에서도 100을 기준으로 할 때 2002년에는 38.5를 기록했지만, 2013년 58.3으로 크게 높아졌다.

다른 한편 <표 4-1>은 2000년 이후 삼성의 해외자산, 해외판매와 해외고용의 변화를 보여준다. 삼성의 해외자산은 2002년 약 113억 달러에서 2005년 약 174억 달러로 증가했고, 5년 후인 2010년 약 428억 달러, 2013년에는 약 464억 달러로 크게 늘었다. 이와 함께 삼성의 전체 자산에서 해외자산이 차지하는 비중도 2005년 21.92%에서 2010년 36.22%로 크게 증가

〈표 4-1〉 삼성의 초국적화 추이

	해외자산	해외판매	해외고용	해외자산 순위	초국적화 지수
2002년	11,388달러 (21.92%)	28,298달러 (59.38%)	28,300명 (34.34%)	93위	38.5
2005년	17,481달러 (23.36%)	62,100달러 (78.59%)	27,664명 (34.32%)	87위	45.4
2010년	42,856달러 (36.22%)	111,394달러 (83.28%)	72,612명 (46.04%)	63위	55.2
2013년	46,425달러 (22.79%)	188,833달러 (90.04%)	149,298명 (62.20%)	67위	58.3

자료: UNCTAD, World Investment Report. 각 권호.
주: 1) 해외판매는 판매지에 기초했다. 2) 괄호는 전체 자산, 판매, 고용에서 해외자산, 해외판매, 해외고
　　용이 차지하는 비중이다.

했다. 또한 삼성의 해외판매도 2002년 약 282억 달러에서 2013년 약 1888
억 달러로 약 6.7배 증가했으며 삼성이 해외에서 고용한 인력도 2002년 2만
8300명에서 2013년 14만 9298명으로 증가해 2013년 삼성의 총고용에서
해외고용이 차지하는 비중은 62.2%를 기록할 정도로 대폭 늘어났다.

　비록 해외자산을 기준으로 한 순위나 초국적화 지수가 삼성의 초국적화
정도를 정확하게 반영하고 있는 것은 아니고, UNCTAD의 세계 100대 비금
융 초국적기업의 해외자산, 해외판매와 해외고용의 자료가 어떤 과정을 거
쳐 취합되었는지에 대한 정확한 정보는 없지만, 이 수치들을 통해 2000년
이후 삼성이 매우 빠르게 초국적화되었으며, 세계적인 초국적기업으로 성
장하고 있음을 확인하는 것은 그다지 어려운 일은 아닐 것이다.

　다음으로 <표 4-2>는 삼성의 해외사업장(지역본부, 생산거점, 판매거점)을
지리적으로 구분해 보여준다. 2013년을 기준으로 삼성의 해외사업장은 아
시아에 크게 집중해 있다는 사실을 알 수 있다. 다시 말해 아시아 지역에는
지역본부 146개, 생산거점 58개, 판매거점 54개의 총 258개의 해외사업장
이 분포해 있는 것이다. 아시아 이외의 지역에서는 유럽과 아메리카의 해외

〈표 4-2〉 삼성의 해외사업장의 지리적 분포 (2013년 기준, 단위: 개)

	유럽	아시아/오세아니아	아메리카	아프리카	총계
지역본부	67	146	49	16	278
생산거점	12	58	12	1	83
판매거점	35	54	31	6	126
총계	114	258	92	23	487

자료: 삼성전자 홈페이지(http://about.samsung.co.kr/about/global.do).
주: 삼성의 해외사업장은 삼성 그룹 전체의 해외사업장을 필자가 계산한 것이다.

사업장이 각각 114개, 92개로 자리 잡고 있다.

이러한 해외사업장 분포는 초국적기업이 미국, 유럽, 동아시아의 삼극 (3-triad)에 집중되어 있다는 사실을 그대로 반영한다. 초국적기업이 대부분 삼극에 위치하는 이유는 이윤 획득에 유리한 큰 규모의 시장, 높은 구매력, 환율 헤징 등에서 집중적으로 사업을 벌이기 때문이다. 이와 같은 이유는 삼성에도 적용되는 것으로 삼성이 삼극에 집중해 사업을 벌이며 세계적 이윤을 획득하기 위한 경쟁을 전개하고 있음을 보여준다(장시복, 2004).

그런데 삼성이 삼극을 중심으로 사업을 벌이고 있기는 하지만 <표 4-2>는 조심스럽게 해석할 필요가 있다. 다시 말해 이 삼극의 나라를 자세히 살펴보면 삼극 안에 중심국과 주변국이 동시에 포함되어 있다. 예를 들어 삼성의 유럽 해외사업장은 영국, 프랑스, 독일과 같은 선진국뿐만 아니라 헝가리, 핀란드, 폴란드 등 주변 유럽 나라들에도 자리를 잡고 있다. 따라서 삼성이 삼극에서 대부분의 사업을 벌이고 있기는 하지만, 인건비 등의 비용 절감, 규제 회피 등의 유리한 조건을 활용해 삼극의 중심국뿐만 아니라 주변 나라들에도 자리 잡고 있음을 명심할 필요가 있다.

결국 삼성 해외사업장의 지리적 분포는 일반적인 초국적기업의 지리적인 사업 분포와 동일한 행태를 보여주고 있으며, 더 중요하게는 사업이 지리적

으로 매우 불균등하게 이루어지고 있고 자신들의 이윤 획득에 유리한 방향
으로 사업을 확장하고 있음을 시사한다.

2) 국내 매출과 해외 매출

그런데 초국적기업 순위, 초국적화 지수, 해외사업장의 지리적 분포는 삼
성 초국적화의 사업 규모와 속도, 사업 영역의 위치와 분포를 보여주기는 하
지만 초국적 활동의 경제적 측면을 자세하게 설명해 주지는 못한다. 이 한계
를 극복하기 위해서는 삼성의 국내외 생산과 판매의 추이를 보여주는 통계
를 취합할 필요가 있다.

<표 4-3>은 2000년 이후 삼성의 총매출에서 국내 매출, 수출, 해외 매출
이 차지하는 비중을 보여준다. 이 표에서 가장 눈에 띄는 현상은 2000년 이
후 국내 매출(한국에서의 판매와 수출의 합)의 비중이 크게 하락하고 있다는 점
이다. 2000년 총매출에서 국내 매출이 차지하는 비중은 54.91%로 총매출
의 절반 이상을 국내 매출로 채웠다. 그러나 이 비중은 2002년 49.53%로 절
반 이하로 떨어졌고 2005년 41.54%, 2010년 38.04% 2013년 34.69%까지
하락했다.

국내 매출의 하락은 결국 해외 매출의 증가와 맞물린 현상이었다. 다시 말
해 초국적화가 진행될수록 국내 매출보다는 해외사업장을 활용한 해외 매
출이 크게 증가한 것이다. 2000년 총매출에서 해외 매출이 차지하는 비중은
45.09%였으나 2006년 60.24%, 2010년 61.96%로 비중이 급격히 증가했고
2013년에는 65.31%를 기록하며 해외 매출이 총매출의 절반을 훨씬 상회하
는 수준에 도달했다.

<표 4-3>에서 또 다른 흥미로운 현상은 총매출에서 수출이 차지하는 비
중의 변화다. 이 표에서 수출은 국내 매출에 포함된 것인데, 그 비중을 보면

〈표 4-3〉 삼성의 국내 매출, 해외 매출, 수출의 비중(단위: %)

	국내 매출/총매출	수출/총매출	해외 매출/총매출
2000년	54.91	34.14	45.09
2001년	54.37	30.52	45.63
2002년	49.53	28.65	50.47
2003년	43.12	n.a.	56.88
2004년	41.12	30.89	58.88
2005년	41.54	31.35	58.46
2006년	39.76	28.60	60.24
2007년	36.62	27.53	63.38
2008년	34.01	25.96	65.99
2009년	35.10	27.79	64.90
2010년	38.04	n.a.	61.96
2011년	37.95	n.a.	62.05
2012년	37.42	n.a.	62.58
2013년	34.69	n.a.	65.31

자료: 삼성전자 연차보고서.

국내 매출에서 수출이 차지하는 비중이 매우 높았다. 이는 삼성이 주로 국내에서 생산한 상품을 수출을 통해 해외에 판매하는 방식으로 영업했음을 보여준다. 그러나 2000년 이후 총매출에서 수출이 차지하는 비중은 해외 매출의 증가와 함께 점차 줄어들어 2000년 34.14%에서 2009년 27.79%까지 줄어들었다.

국내 매출의 비중 감소와 수출 비중의 감소는 초국적화에 따른 글로벌 네트워크의 재편을 잘 보여주는 것이라고 평가할 수 있다. 다시 말해 해외 생산과 이를 통한 해외 판매가 증가하면서 이것이 국내 판매와 수출을 대체하고 있는 과정을 보여주고 있는 것이다.

다른 한편 <표 4-4>는 해외 매출의 지역별 비중을 보여주고 있다. 이 표는 <표 4-3>의 해외 매출이 어느 지역에서 주로 이루어지고 있는지를 좀 더 자세하게 보여준다.

이 표를 보면 삼성의 해외 매출은 시간이 지날수록 아시아 지역에 집중되

<표 4-4> 삼성의 지역별 해외 매출 비중(단위: %)

연도	아시아	중국	아메리카	유럽	아프리카
2000년	27.16	0.00	43.97	28.65	0.22
2001년	29.25	0.00	37.14	33.28	0.33
2002년	42.16	0.00	30.85	26.66	0.32
2003년	47.18	0.00	27.84	24.68	0.30
2004년	46.38	0.00	29.38	23.84	0.40
2005년	45.75	0.00	26.30	27.38	0.58
2006년	44.49	0.00	26.07	28.92	0.52
2007년	17.90	26.61	23.94	31.54	0.00
2008년	16.65	26.58	25.77	30.99	0.00
2009년	15.25	27.61	27.65	29.49	0.00
2010년	15.15	27.74	28.48	28.63	0.00
2011년	17.81	26.41	28.93	26.85	0.00
2012년	19.08	28.64	27.14	25.14	0.00
2013년	20.96	31.28	25.98	21.78	0.00

자료: 삼성전자 연차보고서.
주: 1) 중국 매출은 2006년까지는 아시아에 포함. 이후 분리된 통계를 작성. 2) 아프리카 매출은 2006년
까지만 작성됨.

고 있다. 아시아 지역이 차지하는 비중은 2000년 27.16%였지만, 2013년 52.24%로 해외 매출의 절반 이상을 차지했다. 특히 이 표는 2007년 이후부터 아시아를 중국과 중국 이외의 아시아로 구분한 통계를 보여주는데, 이 자료를 보면 아시아의 해외 매출에서 중국이 차지하는 비중이 시간이 지날수록 점점 더 높아지고 있음을 알 수 있다.[12]

3) 경제적 수익성

마지막으로 초국적 활동의 경제적 성과를 평가하기 위해 수익성을 측정해보자. 기업의 수익성을 평가하는 지표는 매우 다양하지만, 이 글에서는 입

---

12) 아시아 이외의 지역을 보면 삼성의 해외 매출에서 아메리카의 비중이 크게 줄고 유럽의 비중은 정체 상태에 있으며 아프리카의 비중이 매우 낮음을 알 수 있다.

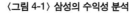

〈그림 4-1〉 삼성의 수익성 분석

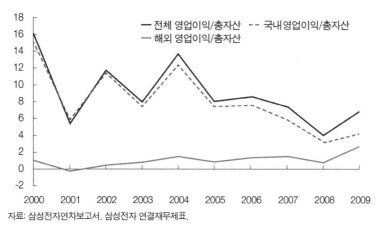

자료: 삼성전자연차보고서, 삼성전자 연결재무제표.

수할 수 있는 자료인 영업이익과 총자산 자료를 이용해 삼성의 수익성을 분석했다.

우선 삼성의 경제적 성과를 평가하는 데 필요한 영업이익은 국내 영업이익, 해외 영업이익과 이 둘을 합친 전체 영업이익으로 구분할 수 있다. 삼성의 국내 영업이익은 2000년 8조 2375억 원에서 2004년 10조 2588억 원을 기록했으나 이후 하락 추세에 놓여 2009년 7조 1594억 원까지 떨어졌다. 해외 영업이익은 국내 영업이익에 비해 낮은 수준을 기록해 2000년에는 5792억 원으로 국내 영업이익의 7% 정도밖에는 되지 않았다. 그러나 이후 시간이 지남에 따라 증가해 2005년 6650억 원, 2009년 1조 9014억 원을 기록했으며, 국내 영업이익과의 차이도 크게 줄어들었다. 마지막으로 전체 영업이익은 국내 영업이익의 변동에 따라 변화하기는 했지만, 전체적으로 하락 추세를 띠고 있다(삼성전자 연결재무제표, 각 권호).

그런데 영업이익만으로는 경제적 성과를 온당하게 평가할 수 없다. 따라서 경제적 성과를 평가하기 위해서는 수익성(profitability)을 측정해야 한다.

삼성의 수익성은 <그림 4-1>에 제시되어 있다. 이 그림에서 최상단의 실선은 삼성의 전체 수익성(국내 수익성과 해외 수익성의 합)을 나타내며, 그 아래의 점선은 국내 수익성, 그리고 맨 아래의 선은 해외 수익성을 보여준다.

이 그림에서 삼성의 전체 수익성은 변동이 있기는 하지만 2000년 이후 지속적으로 하락하는 추세를 보였다. 2000년 전체 수익성은 16.34%였지만, 2005년 8.25%, 2007년 7.34%, 2009년에는 6.88%를 기록했다. 전체 수익성의 하락 추세는 국내 수익성의 저하가 주요 원인이었다. 다시 말해 삼성의 국내 수익성은 2000년 15.27%에서 2005년 7.49%로 하락했으며, 2009년에는 4.23%까지 하락했다. 2000년 국내 수익성이 하락하면서 삼성의 전체 수익성도 그 영향을 받은 것을 이 그림에서 잘 보여준다.

해외 수익성의 경우에는 매우 저조한 성과를 보였다. 2000년 해외 수익성은 1.07%였으며 2001년 마이너스를 기록한 이후 2005년 0.75%였으나 2009년 2.65%였다. 전체적으로 해외 수익성은 매우 낮은 수준에서 변동하며 상승이나 하락의 추세를 보이고 있지 않는다.

사실 초국적기업의 수익성은 전체 수익성만 의미를 갖는 것이라고 할 수 있다. 이는 사업장이 있는 나라 각각에서 이윤을 극대화하는 것이 아니라 전체 사업장 이윤의 합을 극대화하기 때문에 국내와 해외를 구분하는 것은 별다른 의미를 갖지 않을 수도 있는 것이다(장시복, 2008).

그럼에도 삼성의 초국적 활동의 경제적 성과를 국내와 해외로 나누어 평가하는 것은 나름의 의미를 갖는다. 다시 말해 삼성이 국내에서 얻은 성과와 해외에서 얻은 성과를 비교하고 분석함으로써 국내외 글로벌 네트워크의 통합과 재편의 진행 과정에서 어떤 경제적 결과를 가져왔는지 음미해볼 수 있기 때문이다.

이러한 관점에서 볼 때 삼성의 전체 수익성이 국내 수익성 하락에 따라 점차 떨어지고 있는 경향과 해외사업의 수익성이 매우 낮다는 점은 중요하다.

앞선 분석들에서 삼성은 해외 부문을 빠르게 확장시켜왔으며 글로벌 네트워크의 통합을 가속화해왔다. 그러나 이러한 확장과 통합이 그만큼의 경제적 성과를 보장하는 것은 아니다. 특히 국내 부문에서 수출이 점차 감소하고 해외 부문의 매출이 증가했음에도 해외 부문의 수익성이 낮다는 점은 삼성이 해외 부문의 양적 팽창에 필요한 자본을 지속적으로 투입하고 있지만, 별다른 성과를 내고 있지 못하다는 것을 의미한다.

4. 초국적기업 삼성과 한국경제

1) 삼성의 글로벌 자본축적

앞선 분석에서 알 수 있듯이 삼성의 초국적화는 국내외의 글로벌 네트워크의 통합과 재편을 거치며 진행되었다. 자본의 집적이라는 측면에서 삼성의 자본집적이 커지면 커질수록 국내와 해외의 집적은 모두 증가하지만 초국적화가 진행될수록 국내보다는 해외의 자본집적이 점차 중요해진다. 다른 한편 자본의 집중이라는 측면에서도 초국적화로 자본집중이 강화될수록 해외로의 자본집중이 강화되는 경향을 띠게 된다. 따라서 자본의 집적과 집중을 수반하는 삼성의 초국적화는 국내외의 내부화와 외부화가 통합된 글로벌 네트워크의 확대를 야기할 뿐만 아니라 삼성에게 유리한 방식으로 국내외적인 네트워크의 재편을 동반하는 것이다.

그런데 글로벌 네트워크와 관련해 삼성의 초국적화에서 나타나는 중요한 특징은 계열사와 협력사의 위계화된 수직적 통합을 통한 해외 진출이다. 예를 들어 삼성전자의 경우에는 외주 생산을 활용하는 애플과 달리 핵심 공정을 자체 생산하는 전략을 구사한다. 그리고 협력업체까지 포함하는 철저한 공급망 관리를 추구한다(이병천·정준호·최은경. 2014: 99).

그리고 이러한 삼성의 전략은 해외에서도 동일한 방식으로 관철되고 있다. 다시 말해 해외생산법인의 공장에서 생산되는 제품들은 대부분의 핵심 부품을 삼성 디스플레이, 삼성 SDI, 삼성전기와 같은 그룹 내 계열사들로부터 공급받는다. 그리고 핵심부품의 조립이나 단순 가공부품의 공급은 삼성과 해외에 동반 진출한 협력업체와 해당 지역의 외주 하청을 통해 이루어진다. 그리고 최종 생산품의 완성은 삼성 해외생산법인 공장에서 이루어진다(송원근, 2014: 65~66).[13]

이러한 위계화된 수직적 계열화와 외주 하청은 삼성 글로벌 네트워크의 생산 일체화를 위한 내부화와 비용부담의 외부화를 수반하는 것이다. 이와 관련해 송원근(2014: 67)은 다음과 같이 그 특징을 정확하게 설명한다.

> 삼성의 글로벌 공급 사슬 관리는 수직계열화를 통한 자체 생산방식의 단점을 보완하기 위한 것으로 그 본질은 생산의 일체화, 비용부담의 외부화다. 즉, 삼성전자는 자체 생산뿐만 아니라 하청업체의 생산 과정까지 통제하는 것은 물론, 하청 시스템을 통해 리스크를 외부화하며 비용을 협력업체에 전가한다. 그뿐만 아니라 일방적 거래 단절을 통해 다른 협력업체들을 통제하기도 한다.

그런데 중요한 것은 이렇게 위계화된 내부화와 외부화된 글로벌 네트워크가 삼성의 초과이윤의 토대를 이루는 근간으로 기능한다는 점이다. 삼성은 계열사 간의 내부 거래와 협력업체 등에 대한 외주·하청을 통해 애플 등 세계적인 초국적기업과 치열한 경쟁을 벌이면서도 막대한 초과이윤을 획득

---

13) 다음의 언급은 이를 잘 보여준다. "삼성의 생산은 주로 하청을 통해 유지된다. 삼성은 컬러텔레비전과 모니터 부품, 냉장고, 세탁기, 에어컨 부품 생산을 소규모 기업에 하청으로 준다. 즉 삼성 공장에서는 최종 조립 공정만 이루어진다"(조지, 2005: 158).

하고 있는 것이다. 게다가 삼성의 글로벌 네트워크는 세계적 규모에서 통합과 재편을 수반하기 때문에 자본의 유연화를 더욱 확대시키고 있다(김어진, 2012).

그러나 이는 그만큼 초과이윤의 핵심근간을 이루는 글로벌 네트워크의 지속을 위해 막대한 비용을 수반한다는 뜻이다. 글로벌 네트워크의 범위가 점차 넓어질수록 이와 관련한 위험도 커질 수밖에 없으며 이에 따른 취약성도 더 강화될 수밖에 없다. 따라서 삼성의 세계적 자본축적은 그 성과뿐만 아니라 그것이 안고 있는 모순을 동시에 이해할 필요가 있다.

2) 삼성과 노동

또한 삼성의 초국적화는 글로벌 네트워크에 포섭되어 있는 노동의 세계적인 위계 분할을 야기하며, 이에 따라 노동의 분절을 심화시키는 요인으로 작용하고 있다. 삼성의 초국적화에 따른 글로벌 네트워크의 확대는 노동과의 접촉면을 넓히는 과정이며 이 접촉면은 위계화된 글로벌 네트워크에 따라 다양한 형태를 띨 수밖에 없다. 다시 말해 삼성이 진출해 있는 나라들이 글로벌 네트워크에서 차지하는 위상과 역할, 그리고 수직적 계열화와 협력업체와 하청 등의 외주화의 글로벌 네트워크의 위계에 따라 노동도 위계화된 분절을 경험하게 된다.

그런데 삼성의 위계화된 노동 분절은 삼성의 노사관계에 중요한 변수로 작용한다. 한국에서 삼성은 무노조 경영의 원칙을 지금까지도 유지하고 있을 정도로 노동과의 대면에서 치밀한 전술을 구사해왔다. 그리고 삼성의 초국적화가 진행될수록 이러한 전술은 일국에 봉쇄되어 있는 다른 나라의 노동에 폭넓게 적용되고 관철되고 있다.

특히 이 과정에서 삼성의 노동통제 방식은 심각한 문제를 양산할 것으로 보인다. 장대업(2005: 17)은 이 문제의 핵심을 다음과 같이 서술하고 있다.

> 삼성은 기업 경영의 여러 가지 측면에서 선진적인 기업임이 틀림없으나, 노동을 통제하는 방식은 지극히 후진적이다. 아시아의 주변부 국가에서 노동자들이 정치화되고 조직화하게 된다면 삼성의 노동통제 방식이 갖는 한계는 곧바로 드러날 것이다. …… 더욱 많은 노동쟁의가 발생할 것이고 삼성으로서는 국제적 망신과 위험을 무릅쓰고 노조 파괴에 나서는 것 외에 달리 선택할 여지가 별로 없어 보인다. 이 과정에서 삼성의 신화도 파괴될 가능성이 크다.

무노조 경영을 고수하며 노동과 노동조합을 인정하길 꺼려하면서도 초과이윤을 극대화하기 위해 모든 수단을 동원해 노동 비용을 최소화하려는 삼성의 노동통제 방식은 삼성의 초국적화가 빠르게 진행될수록 그 한계에 쉽게 봉착할 가능성이 높다고 할 수 있는 것이다.

3) 삼성과 한국경제

마지막으로 삼성의 초국적화가 한국경제와 어떤 연관성을 가지는가를 살펴볼 필요가 있다. 이와 관련해 지적해야 할 중요한 것은 삼성의 초국적화가 빠르게 진행될수록 삼성은 국민국가의 해외파트너라는 종속적 역할에서 점차 벗어나고 있다는 점이다. 초국적기업인 삼성은 세계금융시장에서 직접 자금을 조달할 수 있게 되었으며 국민국가는 삼성의 초국적화를 지원할 수밖에 없는 처지로 점차 몰리고 있는 것이다(김윤태, 2012).

이러한 삼성과 국민국가의 역학관계의 변화는 물론 국민국가의 약화를 수반하는 것은 아니다. 오히려 삼성의 초국적화가 진행되면서 한국 사회에 새로운 모순들이 늘어날수록 이를 해소하기 위한 국민국가의 새로운 역할은 점차 증대한다고 볼 수 있다.

그런데 이보다 더 중요한 문제는 삼성이 봉착하는 위기로 한국경제가 심대한 영향을 받을 수밖에 없는 취약한 구조에 봉착해 있다는 점이다. 이미 삼성은 국내에서 압도적인 지위에 올라와 있고 한국경제에서도 큰 비중을 차지하고 있다. 예를 들어 2012년 삼성의 매출은 국내총생산의 23%를 차지하고 있으며, 30대 재벌에서 삼성의 매출이 차지하는 비중은 2012년 전체 1387조원의 21.8%이고 순이익은 30대 재벌 62조원의 46.%를 차지했다. 또한 삼성전자, 삼성화재, 삼성중공업, 삼성물산 등 삼성그룹 17개 상장사의 시가총액은 2013년 9월 말 297조 6000억 원으로 전체 시가총액 1254조 3000억 원의 25.8%를 차지했다(≪연합뉴스≫, 2014.1.13).

이와 같이 삼성이 한국경제에서 차지하는 비중이 압도적으로 큰 상황에서 삼성의 위기는 곧 한국경제의 위기와 직결될 가능성이 점차 높아질 수밖에 없는 것이다. 게다가 삼성의 초국적화로 글로벌 네트워크가 통합되고 재편되는 과정에 따라 한국경제도 이 영향으로부터 자유로울 수 없게 될 것이다. 결국 삼성의 초국적화는 일국적 차원에서 발생하는 모순을 넘어서서 한국경제의 취약성을 양산하고 있는 주요 원인이라고 할 수 있다.

5. 결론

지금까지 이 글은 삼성의 초국적화 역사를 서술하고 이에 따른 삼성 글로벌 네트워크의 경제적 성과를 분석하며 삼성 초국적 자본운동의 특징과 모순, 그리고 이것이 노동과 한국경제에 미치는 영향을 살펴보았다.

이 글은 삼성의 초국적화 연구에 대한 '시론적' 시도이기 때문에 이 시도를 통해 명확한 결론을 도출하기에는 무리가 따를 수밖에 없을 것이다. 그럼에도 이 글의 분석을 통해 내릴 수 있는 가장 중요한 결론은 너무도 당연한 것이지만 삼성이 초국적기업이라는 사실이다. 이 당연한 사실은 우리가 너무 잘 알고 있다고 믿고 있기 때문에 간과하고 있는 단순한 상식을 다시 상기시켜줄 뿐만 아니라 이 상식의 함정이 무엇인지를 다시 생각해볼 수 있게 해준다는 측면에서 의미가 있다.

이 글의 첫 문장에서 던진, '삼성에 좋은 것은 한국에 좋은 것이고 한국에 좋은 것은 삼성에 좋은 것인가?'라는 질문은 이제 '그렇다'는 확신에 찬 대답을 필요로 하는 것이 아니라 '그렇지 않을 수도 있다'라는 의문 섞인 대답을 요구한다. 삼성은 한국 기업이라는 고정관념으로 이해해서는 안 된다. 글로벌 네트워크의 통합과 재편을 통해 자본운동을 벌이는 초국적기업이라는 점을 잊어서는 안 되는 것이다.

그렇다면 우리는 이제 삼성에 관한 질문을 새롭게 제기해야 할 것이다. '우리에게 초국적기업인 삼성은 무엇인가?' 삼성이 비추는 빛의 영역만을 볼 것이 아니라 그 빛이 만들어내는 그림자의 영역을 바로 볼 때 우리는 이 질문의 답을 찾을 수 있을 것이다. 그리고 그 그림자의 영역의 짙은 농도를 차지하고 있는 부분에 오늘날 초국적기업으로서 삼성이 벌이는 다양한 자본운동의 모순이 자리 잡고 있다는 사실을 이해할 때 우리는 이 당연해 보이는 질문이 주는 통찰과 이 통찰을 이용한 해법을 찾을 수 있을 것이다.

참고문헌

김대환. 1987. 「국제경제환경의 변화와 중화학공업화의 전개」. 박현채 외 엮음. 『한국경제론』. 까치.

김수행. 2011. 『알기 쉬운 정치경제학』. 서울대학교출판문화원.

김윤태. 2012. 『한국의 재벌과 발전국가』. 한울.

김어진. 2012. 「한국 해외직접투자의 정치경제학-전자산업을 중심으로」. 한국사회경제학회 여름학술대회 발표문.

박현채 엮음. 1994. 『청년을 위한 한국현대사』. 소나무.

삼성 비서실. 1988. 『삼성50년사』. 삼성.

삼성전자. 『사업보고서』. 각 권호.

_____. 『연결재무제표』. 각 권호.

_____. 『연차보고서』. 각 권호.

삼성전자주식회사. 2010. 『삼성전자 40년』. 삼성전자주식회사.

송원근. 2008. 『재벌개혁의 현실과 대안찾기』. 후마니타스.

_____. 2014. 「이재용 시대, 삼성 재벌의 지배 구조」. 조돈문 외 엮음. 『위기의 삼성과 한국 사회의 선택』. 후마니타스.

송원근·이상호. 2005. 『재벌의 사업구조와 경제력 집중』. 나남.

신장철. 2014. 「한국 종합상사의 생성 논리 도출을 위한 시론적 연구: 삼성물산의 생선과 시대적 배경을 중심으로」. 한국경영사학회. ≪경영사학≫, 통권 제71호, 75~100쪽.

≪연합뉴스≫. 2014.1.13. "삼성·현대차그룹 한국경제의 3분의1 규모".

웡, 모나나. 2005. 「삼성화인가 중국화인가: 중국 삼성전자의 노동관계」. 장대업 엮음. 『아시아로 간 삼성』. 후마니타스.

이병천·정준호·최은경. 2014. 「삼성전자의 축적 방식 분석: 세계화 시대 한국 일류 기업의 빛과 그림자」. 조돈문 외 엮음. 『위기의 삼성과 한국 사회의 선택』. 후마니타스.

이재희. 2005. 「한국의 재벌 연구: 1945-2002」. 한국사회경제학회. ≪사회경제평론≫, 제25호, 261~292쪽.

이한구. 2010. 『한국재벌사』. 대명출판사.

장대업 엮음. 2005. 『아시아로 간 삼성』. 후마니타스.

장시복. 2004. 『세계화 시대 초국적기업의 실체』. 책세상.

_____. 2008. 「1980년대 이후 미국 초국적기업의 유연화와 금융화」. 서울대학교 대학원 경제학부 박사학위논문.

장하준. 2010. 『그들이 말하지 않는 23가지』. 부키.

조지, 소빈. 2005. 「초국적기업에서의 노동조건: 삼성 인디아의 경우」. 장대업 엮음. 『아시아로 간 삼성』. 후마니타스.

한국수출입은행. 2014.『2013 회계연도 해외직접투자 경영분석』. 한국수출입은행.

Armstrong, P., Glyn, A., and Harrison, J. 1995. Capitalism since 1945. Blackwell(김수행 옮김, 1995. 『1945년 이후 자본주의』. 동아출판사).

Chandler, Alfred Dupont. 1990. *Scale and Scope: The Dynamics of Industrial Capitalism*. Harvard University Press.

Hymer, S. 1970. "The Efficiency (Contradictions) of Multinational Corporations." *American Economic Review*, Vol 60, No.2. pp.441~448

Lee, Deog An. 1993. "Direct Foreign Investment of Korean Firms: The Case of Samsung Group." *Journal of Korean Geographical Society*, Vol.28, No.4. pp.379~391

UNCTAD. *World Investment Report*. Various Issues.

제5장

창조경제의 정치경제학[*]
창조경제 담론의 기원

김어진 | 경상대학교 사회과학연구원 연구교수

1. 들어가며

창조경제가 한국 자본주의의 화두가 된 지 1년이 넘었다. 그 사이 '창조경제론' 담론은 과잉되어왔다. 창조경제 관련 아이디어를 모집하자는 국민적 캠페인[1]도 진행될 태세다. 지식기반사회가 창조사회로 진화한다는 존 호킨스의 책(John Howkins, 2001)도 다시 각광을 받고 있다. 경쟁력의 원천이고 부의 창출 기반인 '창조계급'과 그들이 주거하는 '창조도시'에 관한 리처드 플로리다(Richard Florida, 2005a)의 주장들도 조명을 받고 있다.

여러 논자의 다의적 의미 규정 때문에 창조경제의 실체는 여전히 분명하지 않다. 공통적인 것은 창조경제가 새로운 경제의 패러다임이라는 것이다.

---
* 이 논문은 2010년 정부의 지원으로 한국연구재단의 지원을 받아 수행된 연구(NRF-2010-413-B00027)의 일환이며, ≪마르크스주의 연구≫ 제11권 제1호(2014.2, 92~118쪽)에 실린 글을 수정·보완한 것이다.

1) https://www.creativekorea.or.kr/ 참조.

하지만 이를 입증하는 근거들조차 다소 불분명하다. 창조경제에 관한 국내 여러 논문에는 조지프 스티글리츠(Joseph E. Stiglitz)가 창조경제의 도래를 새로운 경제의 패러다임으로 규정했다는 언급이 전제되어 있다. "조지프 스티글리츠도 창조경제가 향후 미국경제에 커다란 기회를 제공할 것이며, 현재 미국 경제 시스템이 생산경제에서 창조경제 패러다임으로 전환되고 있음을 시사"(차두원·유지연, 2013)했다는 것이다. 그러나 "대공황 이후 미국의 산업이 농업에서 제조업으로, 그리고 서비스경제로 이행하고 있다"라는 스티글리츠의 언급은 서비스경제로 전환하는 과정에서 막대한 일자리 감소가 일어남을 경고하는 맥락에서 이루어졌다. 한국과학기술평가원의 한 보고서는 "번역 과정에서 특유의 탈맥락화 전략을 통해 스티글리츠를 자기편으로 끌어들일 수 있었다"(박경환, 2013: 44)라고 지적한다.

한 사례에 지나지 않겠지만 앞과 같은 사례는 창조경제론의 실체와 전제를 점검해보는 작업이 절실함을 보여준다. 창조경제 담론의 과잉 속에서 '창조경제'의 실체를 파악할 수 있는 잣대가 절실하다. 이를 위해 첫째, 창조경제론을 이론적으로 논의하는 과정과 등장 배경 등을 체계적으로 짚어봄으로써 '창조경제'의 본질과 실체를 다루고자 한다. 이 글은 창조경제론의 전개 과정을 3기로 나누어 살펴본다. 호킨스로부터 시작된 '창조경제론'의 배경과 플로리다의 창조도시와 창조계급에 관한 논쟁을 다루는 한편, 유엔의 '창조경제 보고서'의 특징을 다룬다. 이 과정에서 '창조경제' 또는 '창조산업'의 정의를 둘러싼 여러 논자의 특징을 살펴볼 것이다. 또한 한국형 '창조경제론'의 특징도 분석하고자 한다. 둘째, '창조경제론'에서의 목표와 현실 사이의 모순을 다루고자 한다. 이를 위해 일자리 창출 기대가 현실과 부합할 수 있는지를 국제 사례를 통해서 살펴본다. 또한 '한국형 창조경제론'이 주된 산업으로 꼽는 소프트웨어와 미디어 부문의 노동조건을 분석해본다. 이를 통해 '창조경제'의 실체에 접근해보려고 한다.

2. 창조경제론의 전개 과정과 그 배경

필자의 분석에 의하면 창조경제론의 부침에는 세 가지 계기가 있었다(박경환, 2013 참조). 첫째, 1990년대 말 영국을 비롯한 유럽과 미국의 '제3의 길' 정부가 ICT와 문화산업 부문을 중심으로 주도했던, 이른바 '신경제 과정'이다. 호킨스의 저작이 이론적 자원이 되었다. 둘째, 2000년대 초반 ICT 버블이 붕괴한 이후 창조경제론은 종적을 감추는 듯했다. 그러나 플로리다의 '창조도시론'이 다시 등장하고, 유네스코의 창조도시 네트워크 프로그램(CCN: Creative Cities Network)과 유엔개발계획(UNDP)의 창조경제보고서 등이 나오면서, 창조경제론은 후진국의 또 다른 경제성장 이론으로 재구성되었다. 셋째, 창조도시 프로그램은 약화되었지만 다시 일자리 창출과 창업을 목적으로 하는 새로운 창조경제 담론이 등장했다. '창조경제 지수화'나 '창조경제 계량화'가 추진되었다. 2008년부터 2년마다 출간되어온 『창조경제보고서(Creative Economy)』는 관련 담론 국제화의 기준점이 되었다. 세 번째 시기는 침체된 경제를 다시 부흥할 수 있는 새로운 일자리를 창출하려면 경쟁우위가 있는 자국의 기술을 보호하고 기술창업이 필요하다는 논리가 유행하게 된 현재의 시기다.

1) 창조경제론 1기: 문화를 경쟁우위 산업으로

'창조경제론' 탄생은 1990년 일본 노무라연구소에서 「창조사회」란 보고서를 낸 것으로 거슬러 올라간다. 장기 불황에 진입한 일본경제의 전략을 다룬 이 보고서의 핵심은 '대규모 투자가 아니어도 부가가치 창출이 가능한 산업'의 필요성을 역설하는 것이었다. 1997년에 영국에 '상륙'한 '창조경제론'은 2000년 피터 코이(Peter Coy)를 거쳐 2001년 호킨스로 이어졌다. '창조경제'라는 말을 영국보다 먼저 사용한 첫 번째 정부는 호주 정부였다. 호주 정부는 이 용어를 1994년에 발간한 '창조국가(Creative Nation)'라는 주요한 정책 선언에서 이미 사용한 바 있다. 그러나 '창조경제' 담론을 본격화한 것은 1990년대 말 영국의 블레어 정부였다. '쇠퇴해가는 제조업을 대체할 수 있는 디지털 콘텐츠, 대중문화, 예술, 공연, 오락 및 게임, 방송 및 비디오, 소프트웨어 등에서 새로운 일자리를 추구할 수 있다'라는 것이 블레어 정부가 내세운 창조경제론의 핵심 논리였다. 블레어 정부는 1997년 7월 노동당 선거 직후에 '문화미디어체육부(DCMS: Department for Culture, Media & Sport)'를 만들었다. 그때는 매우 낙관적인 분위기가 있었다. 쇠락하는 영국의 산업적 기반을 대체하는 것으로서 지식기반경제와 함께 창조산업이 강조되었다. 또한 팝스타나 패션 디자이너가 강조되었다. DCMS는 창조산업 태스크포스(CITF: Creative Industries Task Force)를 구성했다.

'문화산업을 선도적으로 이끄는 영국'이라는 이미지를 추구했던 토니 블레어(Tony Blair)는 창조경제 부문에 대한 지원 시스템을 구축했다. 1997년 10월부터 1년 동안 정부 내 논의 끝에 「창조산업 분류(CIMD: Creative Industries Mapping Document)」라는 문건이 만들어졌는데, 이 문건은 '창조산업'의 정의(defnition)와 범위(scope)를 13가지 영역으로 규정했다. 광고, 건축, 미술 및 골동품 시장, 공예, 디자인, 디자이너 패션, 영화, 쌍방향 레저 소프트웨어, 음악, 공연예술, 출판, 소프트웨어, 텔레비전 및 라디오가 13개 부문으로 '선정'되었다.

그 당시 때마침 출간된 영국의 경영전략이자 호킨스의 책인 『창조경제: 어떻게 아이디어로 돈을 벌 수 있는가(The Creative Economy: How People Make Money from Idea)』라는 대중 개설서는 이 흐름에 중요한 이론적 자원이 되었다. 호킨스의 창조경제는 영화, 음악, 패션, 디자인 개발과 같은 문화산업을 중심으로 하는 영국의 국가산업 발전 전략이었다. 그는 자신의 책이 전

하는 메시지를 "창조성과 기업 그리고 돈 사이의 관계를 개발하는 것"이라
고 요약한다. 그의 주장은 매우 자유시장주의적이다. "모든 사람은 창조적
으로 태어났다. 창조성은 자유를 필요로 한다. 자유는 시장을 필요로 한다.
그리고 시장은 더 많은 저작권과 특허, 지적재산권을 필요로 한다"(Howkins,
2001: 11). 그의 주장은 중앙정부 차원에서 시장의 창조적 주체들이 자신들
의 창조적 역량을 발휘할 수 있도록 이에 방해가 될 수 있는 제도, 규제, 규칙
등을 제거하자는 것으로 요약된다. 한마디로 그의 창조경제론은 자유시장
자본주의에 기반을 둔 글로벌리즘과 신자유주의 패러다임에 철저하게 부합
하는 것이다. 그의 책은 옛 노동당과는 거리를 두면서 제3의 길 전략을 추구
했던 당시 노동당 정부 관료들에게 매력적으로 비춰질 수밖에 없었다.

영국에서 창조경제론이 부상한 배경은 크게 세 가지로 요약될 수 있다. 첫
째, 특히 WTO 체제하에서 지적재산권을 보호할 수 있는 제도화가 진전됨
에 따라 '창조산업' 개념의 발명과 촉진은 새로운 부가가치 창출을 가져다
줄 기회가 될 수 있었다는 판단이 작용했다. 그래서 저스틴 오코너(Justin
O'Connor)는 쉽게 무시되던 문화산업이 '창조성과 혁신의 가장 뛰어난 범례'
로서 21세기를 위해 영국을 재브랜드화할 수 있는 전략적인 영역으로 급속
하게 부상했다고 평했다(O'Connor, 2007: 41).

둘째, 1990년대 말에 부상한 '신경제' 분위기였다. 제3의 길을 선호했던
정부들은 케인스주의와 자유주의 사이에서 적절한 수렴의 지점을 발견해야
했는데, 이 지점이 이른바 정보와 지식을 중심으로 한 ICT(정보통신산업)와
문화 부문 주도의 '신경제'였다. '창조경제'는 '지식경제' 또는 '신경제' 버
블에 대한 정부와 산업계의 야심찬 응답(정종은, 2013)이었던 셈이다.

셋째, 당시 신노동당의 이데올로기적 지형 변화를 들 수 있다. 앤서니 기
든스(Anthony Giddens)의『제3의 길(The Third Way)』은 구노동당의 노선과
대처리즘을 혼합하는 방식으로 전개되었는데, 특히 DCMS와 '창조산업' 정

책은 사회적 효과와 경제적 효과의 통합을 목표로 했다. 신노동당은 형식으로는 국가의 개입이라는 좌파적 의제를, 내용으로는 '경쟁의 자극'이라는 우파적 의제를 취했다(정종은, 2013). 정종은(2013)은 블레어가 창조경제 담론을 통해서 '효율성', '효과', '돈에 대한 가치', '시장의 힘'과 같은 대처 정부의 에토스를 활용하면서도 '성숙', '접근', '교육' 등 문화적 섹터에 대한 적극적 지원과 개입이라는 노동당 전통을 계승해 대처 정부의 문화정책과도 스스로를 구별할 수 있었다고 지적한다.

앤디 프랫(Andy C. Pratt)도 신노동당이 시장주의 가치에 더욱더 친화성을 보이면서도 진보적 색깔을 유지할 수 있는 도구로 '창조경제'를 활용했다고 지적한다. 창조경제론을 통해 "신노동당은 구노동당의 평등주의와 거리를 두면서, 정보사회와 지식경제의 촉진을 위해 보수당 정권이 개발해온 유산들을 계승할 수 있었다"(Pratt, 2005: 32~35)는 것이다.

위와 같은 '창조경제론'은 영국에만 국한된 담론이 아니었다. 요즘 다시 등장한 지식인론의 원조는 김대중 정부의 '신지식인론'인데 이 또한 창조경제론 1기의 한 현상이라고 조명할 수 있겠다.

2) 창조경제론 2기: 개방적 이미지를 차용한 신자유주의적 도시계획 담론의 유행

그러나 '창조경제 1기'의 유행은 두 가지 이유로 그리 오래 가지 않았다. IT 버블붕괴가 주된 이유였다. '창조경제론'이 각국의 정부 관료들에게 또 다른 매력적 대안 정책의 이론으로 떠오른 데에는 2002년에 발간된 플로리다의 『창조계급의 부상(The rise of creative class)』이 중요한 역할을 했다. 일명 플로리다의 '창조도시론'은 이른바 탈산업사회에서 도시 문제에 대한 새로운 접근으로 나름의 선풍적 인기를 얻었다. 플로리다의 '창조도시론'은 '세

런되고 개방적이고 창조적인 창조자본'이라는 이미지를 구축하기에 적합해 전 세계 주요 도시에서 정책으로 활용되었다. 심지어 그의 좌파 전력 때문에 진보적 이미지까지 결합되기도 했다.[2] 2008년 당시에만 전 세계에서 '창조도시'를 지향하는 지방자치단체는 100개가 넘었다(임상오, 2007).

플로리다의 책은 2001년 버블붕괴와 9·11테러로 약간 수정되었는데, 플로리다가 이 책에서 던지려 했던 핵심 메시지는 '도시의 경제성장은 기업의 비용 절감이 아니라 도시의 높은 교육을 받고 첨단 기술을 익힌 인재 유치 때문'이라는 주장이다. 지식과 정보는 창조성의 도구일 뿐이며 혁신은 창조성의 산물인데, 지식과 창의력으로 부를 창출하는 창조계급의 활동을 통해 도시가 경쟁적 우위를 확보한다는 것이다.

플로리다에 따르면 창조계급은 경제성장의 핵심 동력이다. 창조계급의 구성원들은 과학자와 엔지니어, 대학교수, 시인과 소설가, 예술가, 연예인, 연기자, 디자이너, 건축가뿐만 아니라 현대 사회의 사상적 지도자, 즉 비소설 작가, 편집인, 문화계 인물, 종합연구소 연구원, 분석가 및 기타 여론 주도

---

2) 그는 "고전적 정치이론, 프랑크푸르트학파, 루카치, 그람시, 아도르노, 호르크하이머의 비판이론, 오코너, 하머맷, 밀리밴드, 풀란차스 등의 국가론을 비롯해 반필드, 모니헨, 글레이저부터 폴 다비도프, 앨런 알트슐러, 제인 제이콥스를 거쳐 데이비드 하비, 마누엘 카스텔, 베넷 해리슨 등 많은 학자의 도시 문제에 관한 온갖 내용을 읽었다"(플로리다, 2008: 23)다고 강조하기도 한다. 또한 그는 물론 자신에 대해 "실물경제가 대중을 어떻게 착취하는지 보지 못한 채 여전히 신경제를 조장하는 지루한 엘리트주의자로, 창조성과 유연성을 원하는 몽상적인 세일즈맨"(플로리다, 2008: 37~38)이라는 비판을 인정한다. 그러나 정작 자신이 말하고자 하는 바는 "인간의 창조성이 경제성장의 근본 원천이고 모든 개개인은 어느 정도 창조적이며, 그 창조성을 충분히 활용하기 위해서 관용적이고 다양성을 지니고 포용적이어야 한다"는 메시지라고 말한다. 초기 그의 창조성 논의는 히피적 해방에 비유될 정도로 진보진영에서 환영받았다. 그의 창조성 논의가 초기에는 백인 중산층 문화를 옹호하는 개인주의적 생활방식을 비판하고, 소수자에 대한 배려를 강조했기 때문이다. 그러나 갈수록 플로리다의 창조성 담론은 정작 현실의 정책적 집행 과정에서 신자유주의적 도시 전략으로 변질되어 자본과 인재들을 유치하는 지역 간 경쟁의 수단이 되었다(Peck, 2005).

자 등이다. 이 사람들은 "주어진 상황에 대처하기 위해 표준적 접근을 독특한 방식으로 결합하거나 적용하고, 중대한 판단을 내리며, 때때로 독자적으로 새로운 아이디어와 혁신을 시도"(플로리다, 2008: 54)하는 특징이 있다.

플로리다에 따르면 미국의 창조적 계급은 3830만 명 정도로 미국 전체 인구의 약 30%이고 워싱턴, 보스턴, 오스틴, 샌프란시스코 등이 대표적인 창조도시이다. 그는 자신의 창조도시 및 창조계급론이 단순한 인적자본론과는 구별된다는 점을 강조한다. 왜 '창조적 인간이 해당 지역에 클러스터하게 되는가?'라는 질문에 답하는 것이야말로 창조성의 새로운 경제적 지리성을 이해하는 핵심이라는 것이다. 그는 3T(Technology, Talent, Tolerance: 기술, 인재, 관용)가 중요하다고 본다. 고급기술을 가진 인재들의 다양성을 포용할 수 있는 도시들에서 과학자나 기술자, 교수, 시인, 예술가, 작가, 연구원 등 지식집약산업의 인재들이 경제성장과 지역 발전의 핵심 동력이 된다는 것이다(플로리다, 2008: 53).

그리고 그의 인재 지수는 전체 인구 대비 학사 학위 이상 학력을 지닌 자들과 전문직 및 기술직 노동자·과학자 및 엔지니어 수로, 다양성은 작가·음악가·디자이너·화가·조각가·무용수 등의 숫자를 지수화한 보헤미안 지수나 게이 지수(오랫동안 차별과 배척을 받아왔기 때문에 게이 인구가 많다는 것은 해당 지역이 이질적 집단에 대해 개방적이라는 선호로 볼 수 있다는 근거)로 표현된다. 그의 책 절반은 위의 지수들이 하이테크 밀집도와 상관관계가 있음을 밝히는 회기분석으로 마무리된다.

플로리다의 '창조도시론'은 여러 종류의 비판에 직면하기도 했다. 플로리다의 창조도시 테제에 대해서 가장 종합적이고 간결한 비판은 제이미 펙(Jamie Peck)의 글에서 찾을 수 있는데 그는 창조도시론의 핵심을 도시 간 경쟁, 재개발, 중간계급 소비, 장소 마케팅 등 신자유주의적 도시 개발 의제로 정리했다. 그에 따르면 플로리다의 창조도시론은 "코스모폴리탄적 엘리트

주의와 대중적 보편주의, 문화급진주의와 경제적 보수주의, 그리고 사회적
자유주의와 비즈니스 현실주의 등을 결합한 것"(Peck, 2005: 741)이기도 하
다. 김준홍(2012: 36)은 플로리다의 창조계급론에 대한 비판 논점들을 다음
과 같이 분류했다. 김준홍의 정리에 따르면 첫째, 창조계층은 인적자본의 범
주에 포함되기 때문에 전적으로 새로운 이론이 아니고 둘째, 창조성은 혁신
과 달리 경제성장을 반드시 추동하지 않을 수 있으며 셋째, 창조계층의 직
업, 곧 창조적 직업(creative occupation) 간에도 상당한 차별성이 있는데 플로
리다의 범주화는 특히 예술가 집단의 독특성을 무시한다는 비판이다. 넷째,
플로리다의 도시의 관용 개념이 경계가 명확하지 않고 모호하다는 비판이
다. 다섯째, 플로리다의 이론이 도시 간 신자유주의적 경쟁을 심화하는 동시
에 플로리다가 말하는 창조계층이 소득불평등과 지역불평등을 강화할 뿐이
라는 비판이다. 마지막으로 '창조계층' 유인전략이 도시 경제발전의 원인인
지 아니면 그 역이 원인인지에 관한 인과성(causality)에 대한 비판이다. 마지
막 비판점은 플로리다의 창조계급론이 매우 자의적이고 모호한 개념들을
차용하면서 창조적 계층과 경제발전 사이의 상관관계만을 기술할 뿐 그들
간 인과관계의 틀로 제시되지 못한다는 점이다.

홍미로운 사실은 플로리다는 토론토 대학의 교수였는데, 그의 창조도시
테제는 토론토 내 운동가 그룹과 토론토 대학 학생들의 반대 캠페인 대상이
되기도 했다는 점이다. 이들은 '창조적인 계급투쟁(Creative Class Struggle)'
을 발의해서 창조도시 반대 캠페인을 벌였다. 비판 내용은 여러 가지였으나
첫째, 쇠락해가는 도시에 창조도시, 창조계급의 해법이 전혀 회생비법이 되
지 않는다는 점, 둘째, 개혁적이고 진보적으로 들리는 창조도시·창조계급
담론이 사실상 매우 신자유주의적이라는 것 등이었다.

창조계층 이론이 호혜성의 경제를 무시한 시장경제 논리를 취한다는 비
판은 국내에서도 제기된 바 있다(한상진, 2008; 최병두, 2006). 한상진은 "지역

격차 완화, 일자리 창출, 빈곤 경감, 생태적 지속 가능성 등의 진보적 프로그램보다는 재정 지원 경쟁이나 개발 계획과 같은 단기적이고도 과업 지향적인 실용주의 노선에 치우쳐 있다"라고 비판한다. 또 "특히 이를 한국에 적용할 경우 지구화에 따른 경제적 추세를 고급 노동력의 고소득화로 일면적으로 파악함으로써, 양극화와 불균등 발전으로 대다수 사회적 배제 계층이 겪는 삶의 공간의 주변화를 제대로 설명할 수 없다"라고 지적한다(한상진, 2008: 196). 창조경제가 지역 불균형을 강화할 뿐이라는 비판도 지적되어왔다. 창조적 인재가 원하는 고급문화를 향유할 수 있는 성장 도시에는 희망을 가져다주지만, 지역 불균등 발전의 어두운 면을 감내하는 낙후 도시에서는 불평등을 고착화하는 악순환을 재생산한다는 지적도 있다(Peck, 2005). 한편 최병두는 창조경제와 창조도시에 관해서 "허약한 도시의 이미지를 벗어나 세계자본 및 전문가와 서비스 계급이 높은 이동성을 가질 수 있도록 하기 위해 사용되는 도시 관리의 새로운 형태로의 전환"이라고 평한다(최병두, 2006: 48~49).

지리학자 펙의 말처럼 플로리다의 창조도시론은 "가장 완전히 경쟁적 지형이라는 프레임을 가지며, 놀랄 만한 속도로 회전하는 창조적 창조물에 대한 수요를 대변하고 도시경쟁력이라는 유행은 바로 최고조의 경쟁시대를 위한 부드러운 학문의 형태를 취할 뿐"이다(Peck, 2005: 767).

사실 플로리다의 창조도시론은 세계 도시 정책의 '보고(寶庫)'였다. 국내 한 일간지와의 인터뷰에서 한국에는 약 400만 명의 창조계급이 거주한다고 말한 바(≪한국일보≫, 2010.3.11) 있는 그의 이론은 각국의 정책 자원으로 활용되었을 뿐 아니라 국내의 도시 정책에도 깊숙이 영향을 미쳤다. 국내에서도 서울 및 광주나 대전 등 대도시뿐 아니라 여타 중소도시가 서로 경쟁적으로 창조도시를 표방했다(김준홍, 2012). 창조도시 논의를 실제 도시 계획에 적용하려는 일련의 시도도 있었다(강동진, 2008). 특히 '디자인 서울'이나 '창의문화도시' 설계도 플로리다의 창조도시론에 근거를 두고 있었다. '디자인 서울'이라는 계획 아래 서울 전체에서 노점 철거가 추진되었다.

3) 창조경제론 3기: 경쟁우위와 틈새시장 선점을 위한 글로벌경쟁론

2008년 경제위기를 전후해서 호킨스의 저술이 재주목받고 UNCTAD가 2년마다 한 번씩 창조경제보고서를 작성하면서 창조경제론은 3기를 맞는다. 필자가 보기에 창조경제론 3기에는 두 가지 특징이 있다. 첫째, 창조경제가 개발도상국에도 새로운 성장 동력이 될 수 있음을 강조하는 것이다. 특히 유엔의 2008년 창조경제 첫 번째 보고서는 "세계경제의 가장 역동적 분야로서 개발도상국에 새롭고 높은 성장의 기회를 제공한다"라는 메시지를 강조했다. 둘째, 창조경제 정책 형성의 주요 과제로 지적재산권을 각별히 강조한다는 점이다. 보고서는 지적재산권의 가치 측정, 수익의 재분배, 이런 활동들에 대한 규제 등을 다루는 것을 핵심 과제로 설정한다. "정부가 현재 시점에서 지적재산권 제도의 한계를 검토하고, 다자간 담론의 맥락에서 경쟁적 환경을 보장해 지적재산권 제도를 현실에 맞게 재조정해야 할 시점"인데 "창조산업은 … 지적재산권을 통해 부가가치를 낳기 때문"이라는 것이다 (UNCTAD, 2008).

UNCTAD의 보고서가 미친 영향은 다음과 같다. 첫째, 문화 영역에서 지적재산권이 매우 강조되었다는 점이다. 창조산업에 대한 흥미로운 정의 중 하나는 창조산업과 기존의 문화산업을 구별하는 기준을 지적재산권 및 특허 여부로 삼는 것이다(UNCTAD, 2008; WIPO, 2008). 문화 영역에서 지적재산권으로 벌어들이는 부가가치가 기하급수적으로 증가했다는 것도 각별히 강조되었다. 실제로 1980년과 1998년 사이에 인쇄, 영화, 라디오, 사진, 음악에서 해마다 지적재산권으로 벌어들이는 부가가치는 950억 달러에서

〈표 5-1〉 창조산업의 범위

기관 및 연구자	창조산업의 범위	특징
DCMS	광고, 건축학, 미술, 골동품 시장, 공예, 디자인, 패션, 영화 및 비디오, 음악, 출판, 소프트웨어, 공연예술, TV · 라디오, 비디오게임	
코이 (Coy, 2001)	광고, 건축학, 미술, 골동품 시장, 공예, 디자인, 패션, 영화 및 비디오, 음악, 출판, 소프트웨어, 공연예술, TV · 라디오, 비디오게임	특히 소프트웨어를 강조
케이브 (Caves, 2002)	시각예술(조각, 미술), 행위예술(연극, 무용, 오페라), 패션, 영화, 녹음활동, 출판, 장난감 및 게임, TV	창조산업을 영리 · 비영리로 분류
호킨스 (Howkins, J., 2001)	광고, 건축학, 미술, 공예, 디자인, 패션, 영화, 음악, 출판, 소프트웨어, 장난감 및 게임, TV · 라디오, 비디오게임	영국 DCMS와 동일
UNCTAD (2004, 2008)	유산, 예술(시각디자인, 행위예술) 미디어(출판 인쇄 시각적 오디오) 실용적 창조(디자인, 소프트웨어 비디오게임), 창조서비스(건축, 광고 창조 R&D)	문화유산 부문과 창조 R&D 추가
황은정(2008)	건축 및 엔지니어링, 전문디자인, 광고, 뉴스 제공 및 방송, 음악 및 음반, 소프트웨어 및 컴퓨터 서비스업, 연구개발, 공연 예술, 출판, 영화 및 비디오, 사진	DCMS의 정의에서 R&D와 IT 추가(소프트웨어 및 컴퓨터 서비스업)
허재완 · 나종익 (2012)	- 기술서비스형 창조산업(건축기술, 연구개발서비스 및 소프트웨어, 전문디자인업, 광고업) - 정보서비스형 창조산업(뉴스 및 방송통신, 출판, 지식정보) - 위락서비스형 창조산업(영화, 비디오, 사진, 미술품, 음악 및 음반) 게임 및 장난감, 문화재 관련 산업, 공연예술	황은정(2008)에 R&D 관련 산업과 무선통신업(초고속 정보통신망 등의 첨단서비스 개발기술), 관련 소프트웨어 및 하드웨어 생산기술, 통신 관련 전자부품기술을 추가함
박재운(2011)	창조산업을 총 26개 산업으로 정리함(한복, 목공예, 도자기, 전통가구, 장난감 및 오락용품, 악기, 귀금속 보석, 방송, 연구활동, 사업서비스, 교육산업, 신문, 출판, 문화서비스, 문화서비스(기타), 영화연극, 운동 및 경기 관련, 기타 오락서비스)	교육산업을 포함시킴
WIPO(2003)	- 핵심 저작권 산업: 광고, 컬렉션 소사이티, 영화 및 비디오, 음악, 행위예술, 출판, 소프트웨어, 시각 및 그래픽 디자인, TV · Radio - 상호의존적인 저작권 산업: 가전제품, 악기, 신문, 복사기, 사진장비, 녹음기기 - 부분적 저작권 산업: 건축, 의류 및 신발, 디자인, 패션, 장난감, 가사용품	지적재산권이 관련되어 있는 모든 산업에 걸친 매우 넓은 범위

자료: 이민화 · 김영지(2013), 현대경제연구원(2013) 등을 중심으로 재구성.

3880억 달러로 4배 상승했다. 둘째, 이 보고서에서는 각국이 경쟁적으로 지적재산권을 확보하는 데에서 '창조경제' 표어를 활용하도록 했다. 특히 문화 영역은 지적재산권 경쟁이 격화되고 있는 터였다. 문화산업의 경우 9개의 미국계 글로벌 대기업[GE, Bertelsmann, Time Warner, News Corporation, Sony, Liberty Media, Disney, Viacom, NBC]이 전 세계 음악 판권의 85%를 소유해 미국의 비중이 가장 높다(McChesney and Schiller, 2002). 보고서는 이 부문에서 유럽·일본·중국의 개입 확대를 자극하기에 충분했다. 후술하겠지만 지적재산권을 강조하다 보니 자연스럽게 창조경제에 대한 정의와 범위의 확대 해석이 재생산되었다.

각국은 지적재산권을 강화해 일자리를 창출하는 경제로 창조경제를 재조명하기 시작했다. 영국에서는 2010년 런던 중부와 동부 지역을 창조산업 지역으로 선정해 미국의 실리콘밸리 같은 기술 허브로 육성하겠다는 계획(East London Tech City)을 세웠고 호주에서는 저작권을 인정받는 문화상품을, 일본에서는 영국의 '쿨 브리타니아(Cool Britannia)' 슬로건에 착안해 2010년 '쿨 재팬(Cool Japan)' 전략을 발표했는데 여기에 패션, 음식 콘텐츠, 지역 특산품, 생활 관광 6개 분야가 선정되었다. 중국에서는 2009년 '창의국가(Created in China)' 슬로건이 채택되었는데 중국 자본의 경쟁력이 각별히 높은 태양에너지 산업이 주요 산업으로 선정되었다. 한국에서는 '한국형 창조경제의 길'은 '소프트웨어 산업 부흥'이라며 소프트웨어 리더십은 "지적자산을 육성하고 철저하게 보호하는 것"(이남용, 2013: 292)이라고 강조되고 있다.

이를 통해 알 수 있는 사실은 창조경제론은 격화된 글로벌 경쟁과 세계경제위기를 경과하면서 새로운 성장산업을 찾아야 하는 주요국들의 절박한 상황을 반영하는 담론이라는 점이다. 여러 산업 간 융합을 통해 틈새시장이라도 만들어내려는 자본의 노력은 '창조산업', '융복합'이라는 수사로 포장되었다.

'창조경제론'의 전개 과정에서 이 글은 '창조경제론'의 특징을 다음 사항으로 조명해보고자 한다. 모호함과 과장, 창업을 통한 일자리 창출이라는 불확실한 미래, 유연노동과 노동의 소외가 그것이다.

3. 모호한 개념, 자의적 지수, 과장된 수치

앞에서 살펴보았듯이 창조경제론은 격화된 경쟁 속에서 이른바 '문화산업'과 '지식경제'로 경쟁 영역이 확장됨으로써 경쟁의 요소들이 문화, 개방성, 기술, 균형성장 등의 수사로 포장된 것이라 할 수 있다. 그러다 보니 특정 경제주체들의 의도가 강조되면 창조경제 및 창조산업의 범위와 본질은 다양해질 수밖에 없다. 영국의 DCMS는 광고, 건축학, 미술, 골동품 시장, 공예, 디자인, 패션, 영화 및 비디오, 음악, 출판, 소프트웨어, 공연예술, TV&라디오, 비디오게임의 14개 분야를 창조산업으로 분류한다. 코이(Coy, 2001)는 이 중에서도 소프트웨어 산업을 핵심으로 보며, UNCTAD는 유산, 예술(시각디자인, 행위예술), 미디어(출판 인쇄, 시각적 오디오), 실용적 창조(디자인, 소프트웨어, 비디오게임), 창조서비스(건축, 광고, 창조 R&D)를 창조산업으로 규정한다. UNCTAD는 R&D를 핵심 창조산업으로 규정하지만 창조 R&D와 R&D의 구별점이 무엇인지는 명확하게 언급하지 않는다. 국내에서는 R&D와 IT(소프트웨어 및 컴퓨터 서비스업)를 창조산업에 추가하는 경향이 두드러진다. 황은정(2008)은 영국의 창조산업 범위에 R&D뿐 아니라 IT 부분을 추가한다. 허재완·나종익(2012)은 황은정(2008)의 분류에 무선통신업(초고속정보통신망 등의 첨단서비스 개발기술) 관련 소프트웨어 및 하드웨어 생산기술, 통신 관련 전자부품기술을 추가한다. 그리된다면 창조산업의 범위는 훨씬 더 넓어진다.

　가장 넓은 범위 규정은 WIPO(세계지적재산권기구)의 규정이다. WIPO는 창조산업의 범위를 핵심 저작권 산업과 상호의존적 저작권 산업, 부분적 저작권 산업으로 나눈다. 핵심 저작권 산업에는 광고, 컬렉션 소사이티, 영화 및 비디오, 음악, 행위예술, 출판, 소프트웨어, 시각 및 그래픽 디자인, TV·Radio가 포함되어 있다. 그런데 상호의존적인 저작권 산업에는 악기, 신문, 복사기, 사진장비, 녹음기기뿐 아니라 가전제품까지 포함된다. 부분적 저작권 산업에는 건축, 의류 및 신발, 디자인, 패션, 장난감, 가사용품이 포함된다. 자동차. 석유화학, 우주항공, 농산물 등을 빼면 사실 거의 모든 산업 분야를 망라한다고 할 수 있다.

　<표 5-1>에서 보듯 창조경제 및 창조산업에 대한 범위의 폭은 매우 넓다. 앤 마르쿠센(Ann Markusen, 2008)은 「창조경제 정의하기(Defining the Creative Economy)」라는 논문에서 창조산업에 고용된 직종별 규모를 계산했다. 산업·기업, 직종을 기준으로 보스턴의 창조산업 규모를 계량했다. 이들의 연구에 의하면 영국 DCMS의 정의대로 할 때 보스턴의 창조경제에 속한 계층은 1~4%에 이른다. 다양한 기준을 적용했을 때 그 폭은 1~49%로, 그 수치가 매우 유동적이었다.

　창조경제론은 지나치게 유연한 범위 및 개념, 자의적 지수들로 말미암아 과장의 위험에 크게 노출되어 있다.[3] 이런 과장을 지적하면서 이미 영국 창조산업의 부상을 둘러싼 문제점과 한계점들을 드러내는 데 주력해온 연구도 적지 않다(Garnham, 2005; Oakley, 2004).

　요약하자면, 창조경제는 특유의 모호함과 자의적 계량화를 통해 세계적으로 더딘 성장을 화려한 수사로 포장하고 문화산업과 IT 산업 등에서 더 심화되는 국가 간 불평등을 정당화하는 일종의 '연막'에 지나지 않는다. 이것

---

3) 토비 밀러(Toby Miller, 2004)는 '신경제'나 '창조성'처럼 부정확한 개념들이 '연구 주제'가 될 수 있는지조차 의문스럽다는 견해를 표명한다.

은 '창조경제'가 지속 가능성을 위한 사회적 비용을 치르는 데에는 매우 무관심하다는 사실에서 더욱 분명해진다.

4. 일자리 창출 실패와 소외된 노동의 확대

1) 기술창업을 통한 일자리 창출이라는 불확실한 미래

현재 한국형 '창조경제론'의 표어는 "지식 기반의 지속 가능한 중장기 성장", "일자리를 창출하는 기술 선도 성장" 등으로 요약된다. 그러나 케이트 오클레이(Kate Oakley, 2004)와 펙(Peck, 2005) 등은 '창조경제'가 일자리 창출을 가져오고 양극화를 완화할 수 있다는 기대에 사실상 정반대 결과를 가져왔다고 지적하며 창조경제를 침체된 경제를 활성화시킬 무기로 사용하려 하는 것은 양극화와 지속 불가능한 경제발전을 도모할 위험을 낳는다는 비판을 제기해왔다. 오클레이는 창조경제가 높은 수준의 기술을 가진 유연한 노동을 필요로 하는 일부 직종에 국한됨을 강조한다. 영국에서 신노동당 선거 이후 5년 동안 창조산업은 아주 핵심적인 주력 산업으로 여겨졌는데, 그때 우리는 창조경제가 내거는 현란한 수사 이면에 양극화가 늘어난다는 것을 목도했다고 지적한다. 그에 따르면 리버풀, 셰필드 버밍햄, 뉴캐슬, 벨파스트를 포함한 많은 도시가 창조적 도시로 분류되어왔지만 기대가 높아질수록 결과는 그 반대였다.

DCMS의 낙관적 기대와는 달리 영국의 지식기반경제발전 전략은 사회적 양극화와 불평등을 더 고조했다. 런던의 '창조적 부문'은 더 낮은 숙련도와 더 낮은 임금의 일자리를 만들었을 뿐이다. '창조경제'를 내세운 다른 중소도시의 경우, 성장이 있었다면 그것은 실제적으로는 문화산업이나 지식서비스 부문과는 상관없어 보이는 제조업에서 나타난 경제성장과 직결되어 있었다. 문화서비스 부문의 성공이 있었을지라도 그것은 별 볼일 없는 작은 규모에 지나지 않았다(Oakley, 2004: 73).

영국 정부의 지속적인 '창조경제'는 경제위기의 시험대를 통과하지도 못했다. 디자인·미술·비디오·컴퓨터 게임·공예·패션·건축·공연 등 문화와 예술산업 중심의 창조산업 고용은 2008년 세계경제위기 이후 급격히 감소했다. 2011년 12월 영국의 문화미디어스포츠부의 발표에 의하면 2010년 '창조산업' 고용은 150만여 명 수준으로 전체 고용의 5.14%, '창조기업'은 2011년 기준 10만 6700여 개로 전체 기업 비중의 5.13%를 차지한다. 그러나 우리나라 창조경제 정책 설계의 주요 인물인 차두원조차 영국의 창조경제 실적이 저조했음을 인정한다. 영국의 경우 2007년 '창조산업' 고용이 200만여 명으로 전체 고용의 7%를 차지하고, '창조기업'도 15만 7000여 개였던 상황과 비교하면 2008년 글로벌 경제위기 이후 관련 정책성과가 급격히 저조해졌음을 알 수 있다(차두원, 2013). 남동잉글랜드지역개발청(South East England Development Agency)의 경우 2007~2008년 세계경제 침체에 따라 감소한 창조산업 고용 수준은 2020년이 지나서야 회복할 수 있을 것이라고 분석한다.

사실 2008년 이후에 등장한 '창조경제론'은 일자리 창출을 내세웠는데 정확하게 말하면 창업 독려라고 할 수 있다. "고용 없는 성장 시대의 도래에 따라 대기업 등을 통한 일자리 창출은 한계에 도달했고 따라서 창업만이 유일한 대안이 될 수 있다"(이윤준, 2013)라는 것이다. 창업에 대한 강조는 '한국형 창조경제'에서도 분명하게 드러난다.

'한국형 창조경제'의 정책적 목표로 가장 우선시되는 것은 '창업이 쉽게 되는 생태계 조성'과 '기술창업 확대'다. 이에 대해서 박경환(2013)은 한국형 창조경제는 플로리다의 창조도시론보다는 문화산업과 관련된 소규모 창업의 활성화에 주목했던 호킨스의 창조경제론에 가깝다고 볼 수 있다고 지적하기도 한다.

　김광두의 『한국형 창조경제의 길』에서도 주되게 강조하는 것은 벤처 창업이다. 그 예로 이스라엘을 들며 바이츠만 연구소(Weizmann Institute of Science)의 기술과 기술지주회사 예다(Yeda) 창업을 대표적인 사례로 언급한다. 그러나 저자 김광두도 지적했듯이 이스라엘 기업이 신기술을 내놓으면 미국의 기업들이 흡수해간다. 더 중요한 사실은 이스라엘의 기술창업 회사들은 대부분 국방기술을 활용한 민간 벤처 창업에 해당한다는 점이다. 스톡홀름국제평화연구소의 자료에 따르면 이스라엘은 민간기업들이 전자산업 부문에서 국방기술을 개발해왔다(SPIRI, 2011).

　한국의 경우 창업 활력은 계속 떨어져왔고 창업 이후 평균 58.6%가 3년 안에 폐업하고 있다. 또한 일자리 증대 효과가 큰 고부가가치 산업의 창업은 특히 저조하다. 이른바 '지식산업'의 비중은 15%에 지나지 않으며 전체 사업체 중 지식산업의 비중도 16.7%다. 국내 산출액 비중이 높은 전기·전자, 화학제품, 수송 장비 산업이 차지하는 창업 비중은 1% 미만으로 낮다(현대경제연구원, 2013). 이명박 정부 당시인 2009년에 9개 부처가 공동으로 '기술창업 활성화 대책'을 마련해 다양한 창업지원 정책을 추진했지만 그 효과는 미미했다.

　기술창업이 의미 있는 규모의 일자리 창출로 연결될 것인가에 대해서만이 아니라 기술창업을 위한 창의인재와 창의교육에 관한 상(象)도 논란의 여지가 있다. 국내 창조경제론의 설계자라 할 수 있는 김광두는 "평준화 교육 환경에서는 창의성 있는 인재가 많이 나올 수 없다"라며 평준화 교육에 대한 반대 입장을 분명히 한다(김광두, 2013: 114). 그러나 평준화 교육의 질을 높이기는커녕 그 반대 방향을 추진한다면 소프트웨어 관련 고급기술을 가진 '창의인재'를 대거 창출하는 것이 과연 가능할까 하는 의문이 제기될 수밖에 없다. 사실 창조성이 담보되려면 안정적 일자리와 학습 등이 보장되어야 한다. 그러나 실제 창조경제에서는 창조성의 지속 가능성을 위한 전제 조건이 제대로 보장되지 않았다는 지적도 있다(Scott, 2006).

한마디로 창조경제가 일자리 확대를 통해 불평등을 완화한다는 주장의 근거는 미약해 보인다.

2) 유연노동과 소외된 노동을 확대·재생산하는 창조경제

'창조경제론'의 화려한 미사여구와는 달리 현실의 '창조경제'는 불안정 노동과 노동의 소외를 강화하고 있다. 이 글에서는 한국형 창조경제의 지속 가능성 여부를 가늠하고자 '창조산업' 부문의 노동조건을 살펴보고, 이에 대한 근본적인 대책이 제시되지 않는 한 창조성 담론은 허상적이라는 잠정적 결론을 내리고자 한다.

소프트웨어 부문과 미디어 부문은 한국형 창조경제의 주력 부문으로 꼽혀왔다. 그러나 문화관광부 등 5개 기관이 합동으로 시행한 콘텐츠기업 현장실태조사 보고(한국문화관광연구원, 2010)에 의하면, 이른바 문화산업 부문의 경우 인력이 부족해도 추가적인 임금 지불 능력 부족, 불확실한 시장 등으로 인력을 고용하지 않는 것으로 나타난다. 노동생산성이 저하되고 기업의 노동 비용이 증대되고 있다. 조직 몰입도 저하, 팀워크나 집단 생산성 저하, 잦은 이직에 따른 업무 단절 및 비효율, 교육 비용 증가 등의 문제가 나타나고 있다(이용관, 2013: 15). 창작 실연자도 일반적으로 상당한 전문성을 가진 인력이지만 수입은 매우 낮으며, 소수에게 부가 집중되어 임금격차가 심하게 나타난다. 창작 실연자가 아닌 기획, 경영, 기술 등 예술활동 지원 인력의 임금도 높은 편이 아니다.

2011년 국가인권위원회 인권생활 실태조사 연구용역 보고서(임상혁 외,

2011)에 의하면 방송산업에 종사하는 노동자는 방송사 정규직과 일부 스타 연예인을 제외하고는 대부분 열악한 노동조건 아래에서 일하고 있다. 그럼에도 방송산업에 종사하는 노동자들에 대한 실태조사조차 극히 일부를 제외하고 제대로 이루어지지 않고 있다. 그러나 국가인권위 실태조사와 이종구(2009)에 의하면 대표적 문화산업이라 할 수 있는 방송산업의 경우, 독립제작사까지 포함한다면 2004년 전체 방송인력의 54.1%가 비정규직이다. 경력 5년 이하의 경우 주당 70시간대의 장시간 노동을 하며 월평균 소득 수준은 150만 원 이하였다. 주목할 만한 것은 이것이 단지 국내에 국한된 특징이 아니라는 점이다. 해외 방송산업의 경우도 한국처럼 비정규직이 빠르게 확산되고 있다.[4]

소프트웨어 산업의 경우는 다를까? 소프트웨어 산업은 창조경제의 성공 여부를 판가름할 창조경제의 대표적 주력 부문으로 꼽혀왔다. 소프트웨어 중심전략으로 성공한 마이크로소프트사, IBM사, 구글, 페이스북, 오라클, SAP, 애플의 사례를 들면서 창조경제가 좋은 일자리를 창출한다는 것이다(이남용, 2012: 21). 소프트웨어를 개발하는 노동은 특히 '창조노동'의 대표적 사례로 인식되어왔다. 'IT 프로그래머'하면 복잡한 언어를 자유자재로 다루며 창조적 프로그램을 만들어내는 전문가 이미지가 떠오른다.

그러나 소프트웨어 산업의 경우 다단계 하도급으로 비롯된 높은 파견직 비율, 지속적인 인력 부족, 장시간 노동의 양상을 보인다. 최대 8단계까지 이어지는 다단계 하도급 구조 속에 대부분 프로그래머들이 파견직으로 떠돌며 임금도 처우도 제대로 받지 못하는 경우가 비일비재하다. 대형 프로그램

---

4) 그러나 한국보다 정규직의 임금격차 정도가 상대적으로 높지 않은 까닭은 임상혁 외(2011)가 지적하듯이 방송연예영화극장노조(BECTU: The Broadcast Entertainment Cinematograph and Theatre Union)처럼 비정규직이 노동조합에 가입할 수 있을 뿐 아니라 프리랜서 작가들의 모임인 '대영작가조합(WGGB: The Writers' Guild of Great Britain)' 같은 프리랜서들의 자체 조직도 비교적 활발하기 때문이라고 판단된다.

개발을 발주하는 정부와 대기업은 사업 전체를 외주화하고, 프로그래머 파견을 알선하며 거액의 수수료를 떼는 하도급 업체의 횡포가 만연해 있다. IT노조와 장하나(민주당) 의원실이 2013년 5월 IT산업 종사자 1000여 명을 대상으로 실시한 실태조사(한국정보통신산업노동조합, 2013)에 의하면 컴퓨터 프로그래머들의 주당 평균 근로시간이 57.3시간이다. 2004년 57.79시간으로 조사되었던 주간 노동시간은 2013년 57.3시간으로 개선된 모습을 거의 찾을 수 없다. 이들 가운데 76.4%는 초과근로수당을 받지 못했다. 대기업의 경력자 스카우트[5] 때문에 중소벤처 기업의 이직율도 매우 높다. 실제 한국정보통신노동조합의 조사에 따르면 소프트웨어 노동자들의 평균 근속연수는 1.38년이다. 이와 같은 다단계 하도급은 부실한 소프트웨어 개발로 이어진다. 하도급 최하위 단계의 중소 건설사가 적은 돈으로 부실공사를 해 건물 붕괴 사고가 나듯, IT업계에서의 '부실 개발'은 금융기관 고객 정보 해킹, 농협 전산망 파괴 등의 대형 사고의 원인이 된다. 공정거래위원회 연구용역 보고서(가천대 산학협력단, 2012)에 따르면 다단계 하도급 구조 때문에 고급인력 양성이 어렵고 시스템 품질 저하가 고착화되고 있다.

1990년대 후반부터 2005년에 이르기까지 발달해온 IT산업의 현재 조건을 소프트웨어 산업을 중심으로 고찰한 이규원(2006)은 소프트웨어 산업 특성과 구조, 고용규모와 상황, 이윤생산 방식 등을 조사했다. 연구 결과에 따르면 컴퓨터 프로그래머들은 지속적 학습 주체로서 형성되지만, 이 노동 주체는 한국의 산업구조 속에서 지속적 학습을 통해 전문성을 획득하기보다는, 자율적으로 자신의 책임 속에서 기술을 학습하고 계발한다. 학습에 대한 경제적 보상은 이뤄지지 않고 많은 경우 비전문적이고 다기능적인 노동을 통해 전체적 노동강도가 더욱 심화되는 상황에 직면한다.

5) 최근 3~4년간 삼성전자 등이 이 분야의 경력자를 약 2~3만 명 스카우트한 것으로 추정된다(이남용, 2013: 303).

고부가가치 산업이라 일컬어지는 소프트웨어 산업의 규모는 48.1%로 제조업의 2.1배, 전산업의 1.3배에 달하고 기술혁신 주기가 상대적으로 더 빠르므로 상대적 잉여가치 생산은 절대적 잉여가치 생산(노동일 연장)을 더욱 가속화한다. 마르크스의 용어를 빌리자면 경영진들은 "첫사랑의 시기"(마르크스, 1989: 545)를 원하게 되고 노동자들의 노동일은 연장된다. 디자인·설계 분야 노동자들의 노동강도가 얼마나 가중되어 있는지를 표현해주는 소프트웨어 업계 용어는 일명 '죽음의 행진(death march)'이다. 실제로 애플 엔지니어들은 으스스한 군사용어를 써서 제품 개발 단계를 표현한다(라신스키, 2012: 260).

사실, 창조성와 대립되는 말은 소외다. 근본적으로 따지자면, 현대자본주의는 창조성보다는 소외를 부추기는 생산에 의존한다. 창조경제의 대표적 사례로 언급되는 소프트웨어 개발이나 디자이너 노동자들이야말로 창조성이 아니라 그 반대로, 노동 과정에서의 소외를 극명하게 겪게 된다. 이들의 노동 과정은 노동자들이 '창의성'을 발휘하기 어려운 구조에서 진행된다. 학계에서는 보기 드물게 공장 노동자 출신이라는 이력을 가진 영국 카디프 대학 석좌교수 필립 브라운(Phillip Brown)은 디지털 테일러리즘이라는 용어를 통해 이 문제에 관한 매우 재미있는 논점과 분석으로 우리를 인도한다. 그는 생산성을 높이고 비용을 줄임으로써 이익을 극대화하려는 경영진들의 감시와 모듈화라는 맥락 안에서 ICT 산업 내에서의 테일러리즘도 기계적 테일러리즘과 전혀 다를 바 없음을 강조한다. 디지털화한 실용적 지식, 즉 코드화된 지식(codified knowledge)과는 달리 암묵적 지식(tacit knowledge)의 경우는 좀 다르지 않느냐는 반론이 있을 수 있다. 그리고 이 암묵적 지식이야말로 플랫폼, 예를 들어 전체적 설계와 디자인 등에 해당하는 고부가가치 사슬이며 이 부분이야말로 글로벌 대기업들의 고수익 구조를 만든, 그야말로 창의적 사고가 필요한 부분 아니냐는 것이다.

그런데 창의적 사고는 본사 내 극소수의 일부 '지식 노동자'들에게만 허용된다. 단순한 작업(이를테면 다른 시장과 고객에 맞게 상품을 변형하는 수준의 업무)은 임금이 낮은 지역으로 배정된다. 디자인과 설계 등의 '창조적 노동' 조차도 자본에 고용되었다면, 새로운 플랫폼과 프로그램을 만드는 데 필요한 창의성은 단순 분석작업으로 조각조각 분리되기 일쑤다.

이런 식으로 서비스 상품을 대량생산하는 '공장'을 세우는 데에는 핵심적 벽돌이 필요하다. 노동자들의 지식을 가장 단순한 수준까지 분해해서 하나의 벽돌로 만들어야 한다. 그래야 고용주는 종업원들에게 의존하지 않고 '서비스 생산 공장'을 돌릴 수 있다. IBM은 그래서 500명 이상의 전문가를 고용해 "업무 내용과 방식을 조사하고 '군살 없는', '효율성 높은 생산방식을 연구하도록 시킨다"(브라운, 2013: 133). 브라운은 이것이 구성 요소, 모듈, 효율성 같은 핵심어로 구성된 디지털 테일러리즘을 통해 가능해진다고 설명한다.

디지털 테일러리즘은 의사결정권자들의 권한은 키워주는 한편, 직원마다 들쭉날쭉한 업무 성과의 편차는 줄이고 비용은 절감해줌으로써 '지식노동'을 규격화한다. 업무를 수행하는 데 필요한 내용을 담은 디지털 문서는 인적자본 지표에 근거한 직원능력 평가를 담은 데이터베이스와 연계되어서 인적자본 지표는 소프트웨어로 개인별·팀별·조직별 업무를 평가한 수치들로 구성된다(Schneder, 2006).

노동에 대한 체계적 감독은 디자이너와 소프트웨어 핵심 엔지니어들에게 오히려 더 가혹하게 적용되기도 한다. 고급기술과 집약된 기술의 소유자들인 '창조 노동자'들은 때때로 스티브 잡스(Steve Jobs)와 팀 쿡(Tim Cook) 같은 CEO가 주재하는 회의에 참여하거나 삼성전자의 경우 이건희가 주재하는 일명 '미래 전략회의'에 참여하며 때때로 억대 연봉의 소지자들이기도 하다. 또한 제조 부문에 있는 사람에게 지시를 받는 위치에서 다소 벗어나 있을 수도 있다. 그러나 이들은 동시에 고도의 감시와 통제를 받기도 한다. 삼성전자에 고용된 400여 명의 IT 디자이너와 애플의 핵심 디자이너들은 '비밀유지'를 위해 별도의 통제를 받는다. 애플에서 단 두 명의 엔지니어가 애플의 사파리브라우저를 아이패드용으로 변환하는 대규모 작업을 수행한 것도 이와 관련이 있다(이영호, 2012: 126).

더욱이 고부가가치 산업임에도 고급기술을 가진 노동자들에 대한 처우는 그에 상응하지 않는다. 최희선(2012)은 '혁신의 꽃'이라 할 수 있고 기술수명주기가 짧은 소프트웨어 산업의 경우 부지런히 재교육을 받더라도 기술자 자신의 가치를 유지하기 어렵다는 점 등을 들어 중소기업 기술인력 대상의 연금제도 등을 제안하기도 한다.

앞에서 언급했듯이 창조성을 배가하려면 노동자들에 대한 교육비 지원과 노동조건 개선 등의 획기적인 사회적 비용의 지출이 필요하다. 그러나 창조경제에서 부각하는 산업 부문의 불안정 노동은 타 산업에 비해 더 두드러진다. 만약 창조경제가 단순히 수사로 끝나지 않으려면 창조산업으로 분류된 부문에서의 불안정 노동 문제를 실질적으로 해결할 수 있는 자원 배분이 이루어져야 한다.

5. 나가며

창조경제는 그리 창조적이지 않아 보인다. 모호한 개념, 자의적 지수, 과장된 수치, 경쟁우위를 가지는 자국 기술보호 강화, 유연노동 확산, 깊어지는 노동의 소외 등 창조성을 위한 사회비용에 대한 무관심이나 규제 완화 같은 규범화된 처방은 1980년대 이래 있어왔던 신자유주의의 익숙한 모습이다. '창조경제'의 '창조성'은 다양성을 전혀 고려하지 않는다는 비판(Gibson and Klocker, 2004: 423~434)이 매우 설득력을 가지는 것도 이 때문이다.

　아직 현 정부 창조경제론의 성적표를 내기에는 이르다. 그러나 '창조경제론'의 실체에 대해서는 좀 더 차분한 숙고가 필요하다.

참고문헌

가천대 산학협력단. 2012. 「소프트웨어 산업의 하도급거래질서 개선방안연구」. 공정거래 위원회 용역보고서.

강동진. 2008. 「근대 문화유산을 활용한 창조도시 육성」. ≪국토≫, 통권 제322호. 국토연 구원.

김광두. 2013. 『한국형 창조경제의 길』. FKI 미디어.

김정언. 2013. 「창조경제와 ICT정책 방향」. 『정보통신정책학회 세미나자료집』. 제1호. 정보통신정책학회.

김주현·한상완·주원. 2013. 「VIP Report」 제526권. 현대경제연구원.

김준홍. 2012. 「Richard Florida의 창조 도시 이론의 한국적 수용에 대한 비판적 고찰」. ≪문 화정책논총≫, 제26집 제1호, 31~51쪽.

라신스키, 애덤(Adam Lashinsky). 2012. 『인사이드 애플』. 청림출판.

마르크스, 칼(Karl Marx). 1989. 『자본론 1(하)』. 김수행 옮김. 비봉출판사.

박경환. 2013. 「글로벌 시대 창조 담론의 제도화 과정: 행위자-네트워크 이론을 중심으로」. ≪한국도시지리학회지≫, 제16권 제2호. 한국도시지리학회, 31~48쪽.

박재운. 2011. 「한국 창조산업의 부가가치 구조와 부가가치유발효과 분석」. ≪경제연구≫, 제 29권 제2호. 한국경제통상학회, 153~185쪽.

브라운, 필립 외. 2013. 『더 많이 공부하면 더 많이 벌게 될까』. 개마고원.

윤병운. 2008. 「창조산업의 혁신: 영국의 사례와 한국의 과제」. 한국산업기술재단.

_____. 2013. 「기술창업과 창조경제」. ≪IE 매거진≫, 제20권 제2호, KOTEF Issue.08-04.

이규명·김진열·정문기. 2013. 「창조산업과 지역경제발전」. 『한국정책학회 하계학술발표 논문집』. 한국정책학회, 93~126쪽.

이규원. 2006. 『지식노동자의 주체형성: IT 소프트웨어산업 프로그래머를 중심으로』. 연 세대학교 대학원 문화학협동과정 문화학 전공 석사학위논문.

이남용. 2013. 『창조경제와 국가전략』. 이든북스.

이명호. 2004. 『한국과 영국 간 지식기반산업 비교』. 집문당.

이민화. 2009. 「창조 경제와 벤처 생태계」. ≪과학기술정책≫, 제19권 제4호. 과학기술정 책연구원, 3~8쪽.

이민화·김영지. 2013. 「창조경제시대의 중소기업 정책」. ≪중소기업연구≫, 제35권 제3 호. 한국중소기업학회, 235~262쪽.

이영호. 2012. 『애플의 위기』. 산문출판.

이용관. 2013. 「창조경제와 콘텐츠산업의 일자리 창출」. ≪한국행정학회 춘계학술발표논 문집≫. 한국행정학회, 15~41쪽.

이윤준. 2013. 「창조경제 시대의 창업 활성화 방안」. ≪과학기술정책≫, 제23권 제2호. 과학기술정책연구원, 10~21쪽.

이종구. 2009. 「방송산업 비정규직 노동자의 실태」. ≪민주사회와 정책연구≫, 2009년 상반기(통권15호), 273~312쪽.

임상오 외. 2007. 『박물관 창조도시』. 영월. 해남.

임상혁 외. 2011. 「문화예술스포츠분야 비정규직 인권 상황 실태조사」. 2011년 국가인권위원회 인권상황실태조사 연구용역 보고서.

장우석. 2011. 「잠재성장률 2%p 제고를 위한 창조경영의 최근 현황 및 시사점 - 한국 기업의 창조경영 사례」. ≪VIP Report≫, 제490호. 현대경제연구원, 1~23쪽.

장윤종. 2013. 「고용률 70%+a달성을 위한 창조경제 산업정책의 방향」. ≪경총 경영계≫, 제411호, 10월호. 한국경영자총협회(http://www.kefplaza.com/labor/om/employ_view.jsp?nodeid=141&idx=12696).

장후석·백홍기. 2013. 「총요소생산성(TFP) 영향 요인의 국제 비교 -총요소생산성 향상을 통한 창조경제의 구현」. 현대경제연구원, ≪VIP Repor≫, 제526권, 1~24쪽.

정민. 2013. 「한국의 창조경제역량지수 개발과 평가 -한국 창조경제역량, OECD 국가 중 20위」. ≪한국경제주평≫, 제531호.

정종은. 2013. 「영국 창조산업 정책의 부상 - 개념들의 변천에 관한 고찰」. ≪문화정책논총≫, 제27집 제1호, 122~145쪽.

차두원. 2013. 「선진국 창조경제 동향과 시사점」. ≪도시문제≫, 제48권 제535호. 대한지방행정공제회, 22~26쪽.

차두원·유지원. 2013. 「창조경제의 개념과 주요국 정책 분석」. 한국과학기술기획평가원, 1~65쪽.

최병두. 2006. 「살기좋은 국토 공간 만들기 위한 지역 공동체의 복원 방안」. ≪도시문제≫, 2006년 6월호. 대한지방공제회, 45~56쪽.

최희선·김주영. 2012. 「산업기술인력의 경력경로에 관한 연구-소프트웨어 산업을 중심으로」. 연구보고서 2012-652. 산업연구원.

플로리다, 리처드(Richard Florida). 2008. 『도시와 창조계급』. 푸른길.

한상진. 2008. 「사회적 경제 모델에 의거한 창조 도시 담론의 비판적 검토-Florida, 사사끼, 랜드리의 논의를 중심으로」. ≪환경사회학연구 ECO≫, 제12호, 185~206쪽.

허재완·나종익. 2012. 「창조산업의 공간적 분포 특성에 관한 연구」. ≪지방행정연구≫, 제26권 제4호(통권91호), 245~274쪽.

황은정. 2008. 「창조산업의 집적화와 가치사슬에 따른 분포특성 : 서울을 사례로」. ≪국토연구≫, 제58권, 71~93쪽.

한국문화관광연구원. 2010. 「콘텐츠 기업 현장실태 보고서」.

한국정보통신산업노동조합. 2013. 「2013 IT산업(소프트웨어부문) 노동자 실태조사 결과 분석」.

한국정보통신산업진흥원. 2012. 「2012년 소프트웨어 산업 연간보고서」.

≪한국일보≫. 2010.3.11. "오세훈 서울시장·리처드 플로리다 토론토대 교수 대담".

Florida, R. 2005a. *Cities and the Creative Class*. New York: Routledge.

_____. 2005b. *The Flight of the Creative Class*. New York: Harper Busines.

Caves, D. 2002. *Creative Industries: Contracts Between Art and Commerce*. Cambridge: Harvard University Press.

Coy, P. 2001. "The Creative Economy." *The Australian Financial Review*, January, 2001.

Cunningham, S. 2002. "From Cultural to Creative Industries: Theory, Industry, and Policy Implications." *Media International Australia*.

_____. 2004. "The Creative Industries after Cultural Policy: A Genealogy and Some Possible Preferred Futures." *International Journal of Cultural Studies*, Vol.7, No.1, pp.105~115.

_____. 2012. "From Cultural to Creative Industries: Theory, Industry, and Policy Implications." in Moeran and Alacovska(eds.). *Creative Industries: Critical Readings*, Vol.1, Berg.

DCMS. 1998. *The Creative Industries Mapping Document 1998*. London, HMSO.

_____. 2005. *Creative Industries Economic Estimates Statistical Bulletin*. London, HMSO.

Florida, R. 2003. "Cities and the Creative Class." *City and community*, Vol.2, Issue.1, pp.3~19.

Galloway, S. and S. Dunlop. 2007. "A Critique of definitions of the cultural and creative industries in public policy." *Internaional journal of Cultural policy*, Vol.13, Issue.1, pp.17~31.

Garnham, N. 2005. "From Cultural to Creative Industries." *International Journal of Cultural Policy*, Vol.11, No.1, pp.15~29.

Gibson, C. and N. Klocker. 2004. "Academic publishing as 'creative' industry and recent discourses of 'creative economies': some critical reflections." *AREA*, Vol.36, Issue.4, pp.423~434.

Howkins, John. 2001. *The Creative Economy: How People Make Money from Ideas*. London: Penguin Press.

Markusen, Ann, G. Wassall, D. DeNatale, and R. Cohen. 2008. "Defining the Creative Economy: Industry and Occupational Approaches." *Economic Development Quarterly*, Vol.22, No.1, pp.24~45.

McChesney, R. W. and D. Schiller. 2002. *The Political Economy of Inter-national Communications: Foundations for the Emerging Global Debateover Media Ownership and Regulation*. Geneva: United Nations Research Institute for Social Development.

Miller, Toby. 2004. "A View from a Fossil." *International Journal of Cultural Studies*, Vol.7, No.1, pp.55~65.

Oakley, Kate. 2004. "Not so Cool Britannia." *International journal of Cultural studies*. Vol.7 No.1, pp.67~77.

O'Connor, Justin. 2007. *The cultural and creative industries: a review of the literature*. Arts Council England.

Peck, Jamie. 2005. "Struggling with the Creative Class." *International Journal of Urban and Regional Research*, Vol.29, Issue.4, pp.740~770.

Pratt, Andy. C. 2005. "Cultural Industries and Public Policy." *International Journal of Cultural Policy*, Vol.11, Issue.1, pp.31~44.

Schneder, Graig. 2006. "The New Human-Capital Metrics," *CFO Magazine*, February 15 (www.cfo.com/printable/article/5491043).

Scott, A. 2006. "Creative Cities: Conceptual Issues and Policy Questions." *Journal of Urban Affairs*, Vol.28, Issue.1, pp.1~17.

SPIRI. 2011. *SPIRI Year Book 2011*.

UNCTAD. 2008. *Creative Economy Report 2008*.

_____. 2010. *Creative Economy Report 2010*.

WIPO. 2003. *Guide on Surveying the Economic Contribution of the Copyright-based Industries*.

찾아보기

지은이

정성진 경상대학교 경제학과 교수
이정구 경상대학교 사회과학연구원 연구교수
김의동 경상대학교 국제통상학과 교수
장시복 목포대학교 경제학과 부교수
김어진 경상대학교 사회과학연구원 연구교수

경상대학교 사회과학연구원　경상대학교 사회과학연구원은 사회과학 전 분야의 유기적 연계와 협동을 통해 노동문제를 비롯한 주요 사회문제와 국내외 문제를 연구하고 있으며, 매년 수행한 공동연구와 학술대회 및 워크숍의 연구성과를 '사회과학연구총서'(도서출판 한울 간행 단행본 시리즈)로 간행하고 있다. 경상대학교 사회과학연구원은 2001년도에 한국학술진흥재단 중점연구소로 지정되어 전임연구교수를 중심으로 공동연구를 수행하고 있으며, 전문학술지 ≪사회과학연구≫와 ≪마르크스주의 연구≫(도서출판 한울)를 정기적으로 발간하고 있다.
인터넷 홈페이지 http://iss.gnu.ac.kr
이메일 iss@gnu.ac.kr

한울아카데미 1820
경상대학교 사회과학연구원 사회과학연구총서 44

세계화와 한국의 축적체제 변화

ⓒ 정성진 외, 2015

엮은이 ┃ 경상대학교 사회과학연구원
지은이 ┃ 정성진 · 이정구 · 김의동 · 장시복 · 김어진
펴낸이 ┃ 김종수
펴낸곳 ┃ 한울엠플러스(주)

편집책임 ┃ 최규선
편집 ┃ 김영은

초판 1쇄 인쇄 ┃ 2015년 11월 27일
초판 1쇄 발행 ┃ 2015년 12월 15일

주소 ┃ 10881 경기도 파주시 광인사길 153 한울시소빌딩 3층
전화 ┃ 031-955-0655
팩스 ┃ 031-955-0656
홈페이지 ┃ www.hanulmplus.kr
등록번호 ┃ 제406-2015-000143호

Printed in Korea.
ISBN 978-89-460-5820-0 93330

* 책값은 겉표지에 표시되어 있습니다.

이 책은 경상대학교 사회과학연구원이 수행하고 있는 한국연구재단의 중점연구소 지원 연구
과제, '대안세계화운동과 대안사회경제모델 연구'의 2단계 과제 '세계화와 축적체제 및 계급
구조 변화'(NRF-2010-413-B00027)의 1세부과제 3차년도(2012.12~2013.11) 연구결과를
엮은 것입니다.